亞瑟·C·布 … C. … KS

譯——楊晴、陳雅馨

愛你的敵人

如何處理對立與輕視，尊重意見不同的人。

LOVE YOUR ENEMIES

How Decent People
Can Save America from the
Culture of Contempt

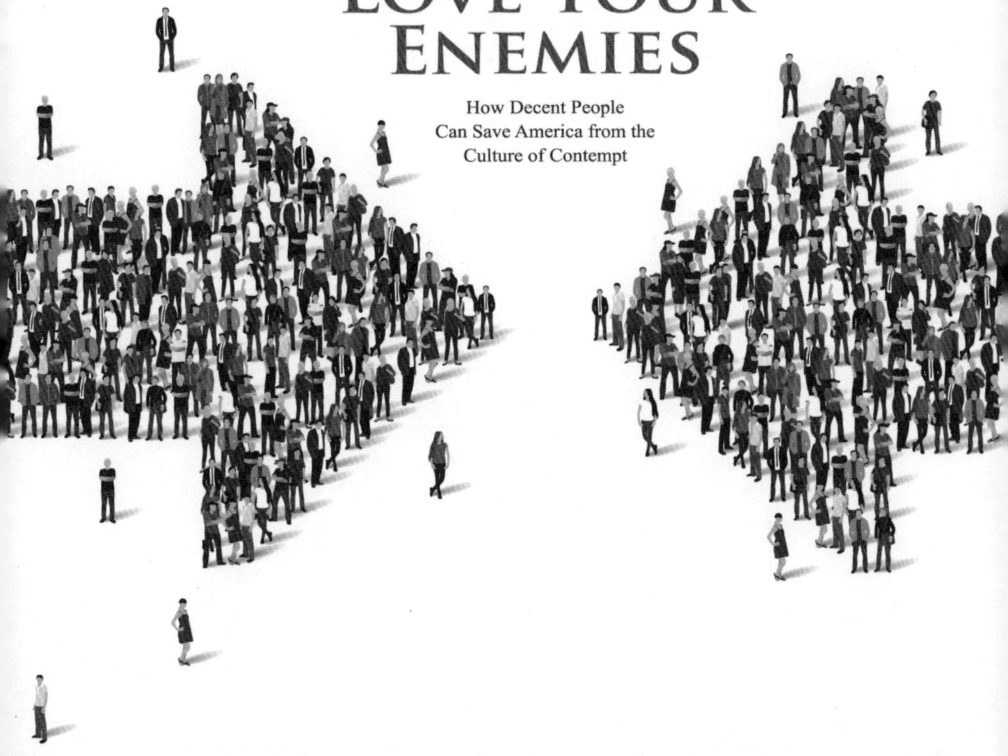

我們並非敵人，而是朋友。我們絕不可為敵。雖然激情可能造成緊張，但絕不會切斷我們的情感連結。一根根不可思議的回憶之弦，從每個戰場和每個愛國志士的墳墓，伸展到這片遼闊土地上每一顆充滿活力的心房和每一個家庭，只要我們本性中的善念再度，而且一定會，加以撥動，它們終會重新奏出響亮的聯邦協奏曲。

——亞伯拉罕．林肯的第一次就職演說

目錄

引言
吵不停，受夠了嗎？

憑良心老實說，我對戰爭已厭倦，
即便能帶來榮耀，也毫不光彩。
——一八六五年，威廉．特庫姆塞．薛曼將軍（William Tecumseh Sherman）

我在華盛頓特區定居就業，但並非政治狂熱分子。對我而言，政治就像天氣，變化莫測，大家百無聊賴，愛把它掛在嘴邊，什麼才算「好」，完全主觀。我喜歡冬天，你喜歡夏天，你是自由派，我是保守派。此外，政治意見就像鼻子，人人都有一個，偏偏每個都長得不一樣。我的鼻子大，但極不顯眼，缺乏存在感，我的政治意見有點像這樣。

我擅長的是「理念」，尤其是「政策理念」。若政治像天氣，理念就像氣候。氣候對於天氣的影響很大，但兩者不盡相同；同理，理念會影響政治，但兩者不盡相同。

政策分析就像氣候學一樣，要是做得好，有博士學位的書呆子很吃得開。我就是這種人。我是政策分析博士，研究應用個體經濟學和數學建模得到了這個學位。我在大學教了十年的政策，後來擔任華盛頓特區公共政策智庫的總裁，這份工作我已做了十年。（我在讀研究所前玩音樂為生長達十二年，但不是很酷的那種。我在交響樂團裡吹法國號。沒錯，就是個「金字招牌書呆子」）。

與政治保持一點距離，即使在華盛頓特區的心臟地帶，我也不常把政治角力太當一回事。二〇一二年總統大選季，我們夫妻倆還在富豪汽車的保險桿上貼了一張標語：「素食者請投羅姆尼」，就想觀察華盛頓特區的駕駛有什麼反應。

不過，當颶風快要登陸時，即使是氣候學家也必須關注天氣，當今時事也正是如此。政治歧見正撕裂我們的國家，我遠大堂皇的政策理念顯得多餘。政治學家認為，這是我國從南北戰爭以來特別兩極化的時期。在黨派菁英身上，這點尤其為是；領導者不但不將雙方拉近，還用破壞溝通、唯恐天下不亂的說詞，來詮釋雙方的歧見。[1]

再怎麼想對問題一笑置之也辦不到。在這種愁雲慘霧的政治氛圍中，我只遇過一次真正令人莞爾的事，就是印著「二〇一六年隕石撞地球」（GIANT METEOR 2016）的十一月競選活動保險桿貼紙，這表示，一場滅絕人類的大災難可能還比選舉的政治選擇更好。正如我兒子會說的：「老兄，這太慘了。」

*

猶記得二〇一六年大選之前的兩年半，我在新罕布夏對著一大群保守運動人士發表演說，第一次見識到這場政治風暴的威力。大眾講座是我賴以為生的主要事業，聽眾背景涵蓋政治光譜上的各端各段，這份工作，我最享受的就是這一點，我喜歡與人交流，分享想法，永遠有新意。儘管我無黨無派，卻深信自由企業制度，面對這個特定的聽眾群，我也有主場優勢，這場演講的焦點就是自由企業的道德倫理。

我是活動名單上唯一不是政治人物的講者。我提早到了現場，聽了一些排在我前面的演說。講者一位接著一位，都是告訴聽眾自己是對的，政治立場相對的另一方是錯的。輪到我上台時，聽眾差不多都沸騰了。我講的主題是，當今人民對保守派和自由派的看法多麼理所當然。我的論點是，自由派普遍被認為富有同情心和同理心，保守派也應該努力贏得這種聲譽。

講完後，有位女聽眾向我走來，她顯然對我的意見不太高興，我以為她要批判我的主張，保守派不該被認為要跟自由派一樣富有同情心，但她反而說，是我對自由派太客氣了，「他們一點也沒有同情心和同理心，」她說，「他們又愚蠢又惡劣。」她說，我身為公眾人物有義務這樣告訴大家，正因為「**這才是事實**」。

我的思緒當場飄回西雅圖，我長大的地方。儘管我的政治傾向中間偏右，不過按理說，西雅圖是美國政治立場最自由派的地方。我父親是大學教授，母親是藝術家。西雅圖的教授和藝術家……你覺得他們的政治立場是什麼派別？

因此，當那位新罕布夏的女士說自由派又愚蠢又惡劣時，她罵的人不是我，而是我的家人。她雖非故意的，卻當場要我做抉擇：選我親愛的家人，還是我的意識形態。要不承認與自己政治意見相左的人愚蠢又惡劣，包括我親愛的家人；要不放棄自己的理念以及身為公眾人物的公信力。親情或意識形態，選邊站吧！

你是否像這樣被迫選邊站過？是否有媒體名嘴、政客、大學教授或電視節目主持人告訴過你，與你立場不同的親友鄰居都是惡棍蠢貨，你要是夠正派，就必須對抗或甩掉他們？觀點相異的人就是恨我們的國家，必須將他們徹底毀掉？要是你沒發火，就表示你根本不關心？若向意識形態的對立方釋出善意，則無異於示弱？

無論你的政治傾向是右派、左派或中間路線，多半都遇過這種事，而且這種事可能正影響著你的人生。舉個例子，二〇一七年一月路透社的益普索民調結果顯示，六分之一的美國人因為二〇一六年的大選，**從此不再與一位家人或密友往來**。[2]在過去幾年中，有更大一部分的人以意識形態為標準來篩選自己的社交生活，避免參加異議人士所在的場合，整頓自己的新聞和社交媒體，排除對立的觀點，從大學校園到工作場所，這些人都在尋找志同道合者聚集的空間。

我們正在分裂，但在國家最脆弱的時候最不需要如此。美國並不像二〇〇八年那樣處於經濟崩潰，但在過去十年中，我們面臨著經濟、社會和地緣政治上的重大挑戰。「經濟大衰退」十年後，數百萬人因政黨輪替、風氣變遷和現代全球化世界的不確定感而受創，並反映在整個國家深深的悲觀氛圍中，即使面對經濟改善還是不改其悲觀。就算經濟急劇增長，還是有超過十分之四的美國人表示，他們認為這個國家最美好的歲月已經過去了。[3]失業率幾十年來最低，但仍有四分之三的美國人說：「中產階級覺得自己在做的事和工作不被需要或無用。」不然就是說：「中產階級覺得自己在做的事有價值……但不受國家菁英和機構重視。」[4]

我們國家需要療傷的程度就跟經濟需要成長一樣多，但是，我們從媒體、政治、娛樂和學術界的許多領導者那裡獲得了什麼呢？整個政治光譜上掌握權力和影響力的人正讓我們對立，他們告訴我們，政治意見與我們相左的鄰國正在破壞我們的國家，這種意識形態歧異並非意見不同的問題，而是反映了道德的淪喪，我們這一方必須徹底征服對方，即使這會讓鄰居失去發言權。

為了造福世界，**應是**美國人開創新紀元之際，最需要全國團結一致的非常時刻，我們卻被輕率地撕裂，這十分不必要。我們活在輕蔑的風氣中。

我們必須反擊。但是該怎麼做？

「我們已準備一搏」

二〇一七年九月十六日，霍克・紐森（Hawk Newsome）與一群大紐約地區「黑人的命也是命」（Black Lives Matter）的抗議人士，到華盛頓特區的國家廣場，對抗一群自稱「一切集會之母」（Mother of All Rallies）的川普支持者。霍克是南布朗克斯圈的社運人士，最近去過維吉尼亞夏洛特維爾的前線，抗議登上全國頭條的白人種族主義者集會。在那次衝突中，他的臉被石頭擊中，此際還在養傷。

霍克與夥伴到了國家廣場，又迎向一場衝突，可能還會受更多傷。他想，這場遊行的川普支持者與他在夏洛特維爾遇到的極端種族主義分子並無兩樣，霍克對他們充滿了不屑。看來抗議者也呼應了他的感受，他們大喊：「這裡是美國！你們要是不喜歡，就滾出去！」和「別理他們！當他們不存在！」旁觀的群眾馬上掏出手機，個個成了業餘的街頭攝影師，準備拍下衝突畫面，發布到社交媒體上。顯然，又有一場大家都害怕會發生的醜惡對峙即將要上演。

然而，正當叫囂好像快要引爆衝突時，發生了完全出乎意料的事。集會中的川普支持者湯米．霍奇斯（Tommy Hodges）請霍克．紐森上台，「給你兩分鐘，到我們的台上，傳達你們的訴求，」湯米告訴霍克：「大家要不要同意你們的訴求是一回事，但你們有權利保有自己的訴求。」

霍克原先是準備來戰鬥的，不是發表演說，卻還是接受了這個提議。當他手上拿起麥克風，回想起在夏洛特維爾差點拿起一塊石頭丟出去時，「有一位白人女士，我不知道她是什麼陣營的，但她說：『你的口舌就是最強而有力的武器，除了這個，你什麼都不需要。』」現在霍克有機會可用上這個武器。身為虔誠的天主教徒，他唸了一段禱告詞。在這麼做的時候，他聽到心中一個聲音告訴他：「讓他們明白你。」他深呼吸，對著充滿敵意的群眾，發表了熱血的肺腑之言：

「我的名字是霍克．紐森。我是『紐約黑人的命也是命』組織的理事長。我是美國人。」

他抓住了群眾的注意力，繼續說：「美國的美好在於，當你發現自己的國家有什麼壞掉了，你可以動員大家來把它修好。」

群眾爆出掌聲，他萬分驚訝，膽子壯大了起來，說：「所以，你們問，為何要有一個『黑人的命也是命』？因為你可能會在電視上看到有個黑人死去，他是被掐死的，但沒有人追究。我們必須站出來告訴大家有這樣的事。」

「那人是罪犯啊！」有人喊道，人群中噓聲此起彼落。

霍克按捺住群眾：「我們不是反對警察。」

有人大喊：「你是，你就是！」

「我們是反對**壞**警察，」霍克反駁，「我們認為，如果一個警察是壞人，就像壞律師，壞……政客一樣，必須把他開除。」

群眾聽到這個又開始喝采了。在這段日子，沒有什麼比壞政客能讓集會遊行者更痛恨的。

「我說，我是美國人，我還是基督徒，」霍克說，再次與聽眾建立關係，「我們不想被施捨。我們不想要任何屬於你們的東西。我們想要神賦予的，自由、自主，和追求幸福的權利。」

群眾爆出歡呼。

接著有人喊道：「所有人的命都很重要！」

「說的對，兄弟，你說得對。你說的對極了！」霍克說：「所有人的命都很重要，對吧？但黑人失去性命時，我們得不到正義。那就是為何我們要說，黑人的命也是命。」

兩分鐘時間到，他總結：「大家聽我說，我想把這句話送給大家，然後就下台。如果我們想讓美國變偉大，要做就要大家一起來！」

群眾沸騰起來，他們開始歌頌「美國！美國！」站在第一排的一位女士伸手交給霍克一面美國國旗，他高舉國旗揮舞，歡呼更高昂。他走下台時非常訝異，許多川普支持者上前來擁抱他。稍早他到國家廣場，用刀割開裝遊行標語的箱子時，劃破了自己的手，當時用頭巾包紮傷口，現在血滲了出來。帶領四千民兵的隊長看到霍克受傷，把他帶到一邊，幫他處理傷口。「民兵隊長幫我處理手指的傷口，」霍克說，「而且他說：『你知道嗎？以前我還以為自己很懂，但我現在才明白。兄弟，你說的非常對。』我們擊掌。」這場集會後他們一直保持聯絡，「我們還是臉書上的好友。」霍克說。

然後是一個名叫「支持川普的重機騎士」團體的首領肯尼・強森（Kenny Johnson）

來找霍克。「他就是一副《飆風不歸路》那種型的，」霍克憶起，「他說：『你講得太棒了，要是你肯跟我兒子認識一下，是我的榮幸。』所以我們去找他兒子，他正在樹下玩玩具，一個金髮小孩，名叫傑可布。」強森請霍克把小男孩抱起來，幫他們拍合照。霍克說：「我好感動。」

見過霍克後，強森告訴《Vice 新聞》：「我感受得到，他上台時說的都是真心話。那些話，大概有九成我都認同。聽他用滿滿的愛、尊重和榮譽感說著，我也受到感染，所以到現在，一想到他，就覺得他是我兄弟。」[5]

那天的國家廣場很明顯瀰漫著一股兄弟之情。「太開心了，」霍克說，「有點讓我恢復了對部分這些人的信心。因為當我說出真理時，他們認同，我覺得好像有了進展……雙方都不是用吵的。」他到場的時候還以為會發生衝突，結果卻說：「我從他們的敵人，變成想要我跟他們小孩合照的對象。」

霍克跟我說，這場經驗改變了他。回到紐約後，他說：「我內心掙扎了幾個月。」最後他下了一個決定。「我決定寧願用愛出發，不再想出去砲轟別人，我站出來，不是為了爭吵、打架，而是為了讓人們理解，讓大家凝聚，我目的是為了求進步。」

反倒是他自己從事社運的社群有人大為反彈，不滿他與支持川普的示威者站上同一個舞台。有人叫他「愛3K黨的川普支持者」，一位社運人士宣稱霍克已「犯下叛國罪」。他並未被批評影響。「這種分歧阻礙了我們彼此交流、互相理解，這可以克服，」他說，但是「不能一直向對方叫囂，這樣是辦不到的，要搭起溝通的橋梁才辦得到，所以我已改變自己的用字遣詞，因為那天在台上發生的事太美妙。那是嶄新的一天……有新的方法可以去做。」

湯米．霍奇斯認同。那次集會遊行後，在一次訪談中，他解釋為何要邀請霍克上台。「現在有太多政治暴力，」他說，「我的意思是，每天一打開新聞頻道，一打開社交媒體，看到的全是有人因為政治觀點而遭到攻擊。太荒謬了……俄羅斯發生政治暴力，伊朗發生政治暴力，北韓發生政治暴力，這裡不該發生政治暴力的。」

「凝聚大家的時刻到了，讓大家一起頌揚美國……因此，如果你是美國人，無論你的膚色、信條、人口特性、政治信仰，只要你是美國人，愛這個國家，〈歡迎你〉站出來和我們一起頌揚，」霍奇斯說，「我們需要設立新標準……讓大家握手，能夠和而不同的時候到了。如果大家不這麼做，我們的國家就要四分五裂。」[6]

國家廣場那天發生的事，儘管國內媒體大部分都忽略了，但是在檯面下爆紅起來，網路上有五千七百萬人觀看了霍克的演說。看來，每個看過這支影片的人不分政治立場，都會傳給親友，而且評語一致：真是不可思議！你一定要看一下！

我第一次看這支影片的情況是這樣：當川普支持者開始鼓掌，我的心都脹起來了。我受到很大的啟發，寫下這場交鋒，投書到《紐約時報》，與霍克．紐森變成了朋友。請親自上網看這支影片，一邊聽聽自己的心跳。我跟你打賭：如果你跟大部分的美國人一樣，無論政治立場是什麼，都不會希望霍克被轟下台。你會被霍克．紐森圈粉，也會被為他歡呼的川普支持者圈粉。

你並不孤單，只要看看影片下方的留言：

「進步！發生了！世界上一切仇恨都無法阻止進步！」

「我們需要更多這樣的事。應該要能意見不同，但仍然互相尊重。」

「這真是一支美好的影片。」

「我都哭了。」

「哇！這太強了！團結就是讓世界變成適合所有人的好地方。」

什麼是輕蔑？

在這一章的開頭，我說我國的問題是輕蔑風氣。究竟什麼是輕蔑？社會學家把輕蔑定義為混入了憎惡的憤怒，這兩種情緒會構成毒性混合物，就像氨水與漂白水混合一樣。十九世紀哲學家叔本華說，輕蔑是：「用潔癖的高標準判定他人一無是處。」[7] 輕蔑衍生自拉丁文的 *contemptus*，意指「責備」，不僅代表對於其他人深感失望後的爆發，更是一種持久且完全不屑的態度。[8]

對很多人而言，這段關於輕蔑的說明耳熟能詳，因為輕蔑已變成現代政治論述的主旋律。我們在華盛頓特區的集會一開始就看到了這點，在有線電視和社交媒體上看到這一點，還越來越常在個人身上看到這一點。但我們對湯米和霍克之間互動的反應代表了一個訊息，那就是，輕蔑不是我們真正想要的。更重要的是，我們的反應在說明，政治意識形態與我們親友之間的抉擇通常都是被當今的領導人物拿出來叫賣，是個**假選擇**。像這種時刻，顯示了美國人一直在被操弄和霸凌，以為我們必須在強烈信仰與親密關係之間做抉擇。在我們內心深處都清楚，當今政治中遇到的兩極化都是有毒的。我們討厭鬥爭、叫罵、暴力和不敬。

湯米和霍克無意間以另一種方式表現出人民的渴望。我親眼見證過，面對輕蔑時，善意的表示會引起廣大的迴響。同一年當華盛頓有集會遊行時，我在哈佛大學的甘迺迪學院演講，哈佛公布了這場演講的六十二秒影片，以下是這段影片的字幕，稍微編輯過，以便更清楚：

美國政治的問題不是憤怒，而是輕蔑。聽聽人們是怎麼談論當今的政治生活，就會注意到純粹是輕蔑。

當某人以輕蔑待你時，你絕對不會忘記。所以，如果想解決當今兩極化的問題，就必須解決輕蔑的問題。

我有時會與達賴喇嘛合作寫作計畫，最近我在思考這個輕蔑的問題，就問他：「閣下，我感到輕蔑時該怎麼做？」他說：「修煉仁慈心。」

我開始思考這個，這是真的。當我這麼做，當我們這麼做，當我們有可以這麼做的領袖，最後就會改變世界。你可以展現真正的力量，下次如果你聽到輕蔑，你可以用仁慈心來回應。

我們每一個人都會有機會在社群媒體上或當面回應某人的輕蔑。所以，你想做正確的事，讓世界變得更好；展現你的力量；試著將敵人變朋友嗎？還是你想讓問題變得更糟？也許在接下來的二十四小時，這就是我們每一個人要回答的問題。

在下一章中，我會告訴大家更多與達賴喇嘛的對話。但在此，我想先分享另一件與那支短片有關的事：網路上的觀看人次有一千一百萬。聽著，我不是名人或美國總統，我是一個經營智庫的五十四歲人，還在哈佛大學講課。一千一百萬觀看人次是個**驚人的數字**。

從那兩支影片，我做了一項正當的小小市場測試，抽樣六千八百萬人的結果，發現輕蔑風氣不是數以百萬的我們想要的。我體會到，只要知道如何反擊那樣的風氣，就可以辦到。

這本書因此誕生。

我們可以「合而不同」

你可能以為，這又是一本呼籲我們政治論述要更有公德心，要包容差異觀點的書，但它並不是，那些標準都太低了。不信嗎？要是跟大家說：「我與配偶彼此以公德心相待。」人家會建議你們去做婚姻諮商；或者說：「我同事都很容忍我。」人家會問你新工作找得怎麼樣了。

我想要比公德心和包容更基進、更顛覆的東西，這個東西能反映我內心的渴望，是書名的第一個字：愛。不僅是對朋友和認同我的人有愛，而是對那些不認同我的也有愛。

「愛」，聽起來可能會覺得呆，好像我是某種嬉皮（我一直都被人家這樣說沒錯），或是提出一種不可能的哲學觀念。問題不在於愛本身的概念，而是我們大眾語境中對於愛的定義太貧乏。現在的人通常都把愛定義為情緒，一種強烈的情感。這不是國家翻新計畫的堅實基礎。在本書中，當我提到愛時，所說的不是某種虛無飄渺和多愁善感的東西，而是清楚而激勵的東西。聖人湯瑪斯・阿奎那在他的《神學大全》（*Summa Theologica*）一書中寫道：「去愛，就是對他人行使善的意志。」[9]現代哲學家麥可・諾瓦克（Michael Novak）補充兩個詞，讓這句話的定義更完善：「去愛，就是**設身處地**對他人行使善的意志。」（是我強調的）[10]他解釋道：「愛不是多愁善感，也不是幻想中的平靜，而是警惕、警覺，隨時準備追隨證據。它會尋求真實，就像肺渴望空氣。」正解。當我呼籲以愛為標準時，當然是要我們全體傾聽自己的心聲；但也要思路清晰，正視事實，如此一來才能真正提升人們的水準，凝聚大家。

因此，愛不是軟弱，也不是傻氣。但要愛誰？愛自己的朋友，這簡單。愛陌生人？也可行。但愛你的敵人呢？對你而言這或許不可能。你可能會說：「有的人就是出格。這個國家有上百萬糟糕的人，提出難以包容的見解，他們應得的待遇就是輕蔑，不是愛！」我曾聽過認真的記者、受人尊敬的學者和主流政客，說出這種情緒化的話。

那種態度是錯的，激進而危險。任何分辨不出伯尼．桑德斯（Bernie Sanders）支持者與史達林主義革命分子，或川普一般選民與納粹分子的人，要不是蓄意裝傻，要不就是需要多出來見見世面。我們當今的公共論述很嚇人，蓄意誇大，把史上致人於死的意識形態歸咎於與自己意見相左的數千萬普通人民。就因為對某事的見解不一致，不表示那是仇恨言論，或說出這些意見的人有偏差。

更何況，這種輕蔑是基於錯誤的假設：沒有共同點的餘地，沒道理不靠叫罵來分化。想想看霍克和湯米。如果你是堅定的保守派，看到霍克在集會開始時伸出拳頭，他難道不像個惡劣的激進革命分子，絲毫不值得一顧嗎？如果你是堅定的進步派，湯米和他的夥伴如「支持川普的重機騎士」這種團體的人看起來又如何？像不像有理也說不通的人？然而拜一點機緣所賜，他們展現出寬容，看看發生了什麼事。

好，你可能在想，那些的確是史達林主義和納粹的少數人呢？他們是宣揚陰謀論、仇恨和種族主義的純粹邊緣人士，天下太平時，會被當成戴錫箔帽的烏合之眾被打發掉，但在當前輕蔑風氣環伺下，卻會吸引大眾注意，有些人用本名，有些人匿名。該怎麼應付這些人？

讓我們從社交媒體上的挑釁開始。我的推特就被酸民攻擊，左派右派都有。他們幾乎總是匿名，無疑的，很多甚至不是真實的人，而是製造衝突內容的網路機器人。在這整本書中我都主張，你永遠不該匿名，也不該與匿名發言者往來。建立帶著愛的契合關係有賴人性化的互動，因此我們自身和交流的對象都必須是真人，而不是非實體的訊息。

公開辯論這些事的人又如何？我想起一個老笑話：跟豬打架，你會惹來滿身污泥，豬卻樂在其中。不過，忽視仇恨言論卻是錯的，這麼做，那些想法就不會受到善意人士的挑戰。如果那些人的觀點真的該受到輕蔑呢？請記得，**觀點**或許該受到輕蔑，但沒有**任何人**該受到輕蔑。尊重他們，以自信的態度、簡明的方式，反對他們的觀點。

最後，有個出於利己卻務實的理由可以避免輕蔑，並也適用於那些你強烈反對其意見的人。理由很可怕。本書會讓你知道，輕蔑讓你不快樂、不健康、沒有魅力，那些與你意見相同的人眼中看見的你也是如此。恨人和憂鬱症有關。輕蔑會破壞你的人際關係，傷害你的健康。是一種危險的惡習，就像抽菸或飲酒過量。

我的論點很簡單：愛與熱忱可能不會改變每個人的心意，但總是值得嘗試，總會讓**你**變得更好。你（我）的預設立場應是如此。

當然，說比做容易。對許多人而言，這並非「原廠設定」，尤其當幾乎整個風氣正朝著反方向發展時。這就是為何我要寫這本書，教你**如何辦到**。在這本書中，你會讀到頂尖的神經科學、社會科學和哲學的研究。你會認識政治、商業、媒體和學術界最有遠見的領導者。我會說明，不需要用模糊的溫和主張，我們都可以捍衛自己的觀點，還可以療癒自己的社群。你也會明白，為何高漲的輕蔑型領導風格長久下去其主張會失敗，為何良性的意見分歧才是更能促成和諧的關鍵，而並非意見紛歧越少越好。

你會說：「就算是吧！但我又不是政治人物或執行長。」湯米和霍克也不是，他們只是十分普通的人。一般公民正是對抗輕蔑風氣最重要的戰士。你知道，無論我們想不想承認，政治輕蔑和分裂都是經濟學家所謂的需求導向現象，掌權的領導人物大量供給，但普通公民才是為它創造市場的人。想像一下，就像冰毒一樣，製毒和販毒者犯下惡行，是該罷手，但他們那麼做的原因並不教人詫異，因為有暴利可圖。（附帶一提，之後你就會明白，這種比較一點也不牽強。用藥成癮與沉迷於輕蔑，在腦神經的影響上是相似的。）

這一切都表示，我們不能等待領導者改變，**我們**必須自己導正反叛之心。不能一手改變國家，但是可以改變自己。為了讓國家更和諧，人人都可挺身出來貢獻，宣告自己獨立於席捲國家的痛苦之外。

我希望，霍克和湯米的故事可以啟發全國的人。那天的活動從輕蔑開始，但以溫馨做結。兩群天差地別的人克服了對彼此的不屑，在未達成政治共識的情況下，還能基於人性共通點以及對自由幸福人生的渴望，找到共同的初衷。

每個公民都是彌平紛爭的戰士

這本書的目的很單純：幫助目前看起來像正要開始「一切集會之母」的美國，達到看起來像是集會結束的狀態。我希望這本書可幫助我們每個人有意識地達成和諧，而並非像那天在華盛頓的集會那樣偶然才達成和諧。

因此，如果你打算與我共同對抗輕蔑的風氣，如果你渴望一個人民能無怨無仇表達不同意見的國家，如果你想顛覆暗中放送輕蔑的力量，那麼這本書就是為你而寫的。如果你出於某種原因，不同意我們的國家論述正處於嚴重危機，那麼這本書也是為你而寫。對於你個人和國家，什麼才有利？如果你讀了這本書，我認為，你的觀念有可能會因此改變。此外，我深信，遵循本書中的觀念和規則，你會成為一個更快樂、更健康、更有說服力的人。

這本書不是想改變你的政治傾向。我的看法很堅定，你可能也是。我們很可能對某些事持相反意見。本書的論點並非要你改變自己的政治觀，而是，如果你我意見不同，我會更需要你，如果你我處理得當，那麼我們的分歧，就是國家變強的基礎。

克服輕蔑風氣所需要的，遠超過高聲合唱《當我們同在一起》和一籮筐的老生常談。面對差異和分歧、建立真正的和諧，這是項艱鉅的工作。就像霍克和湯米一樣，人人必須願意與政治光譜另一端的人共享一個舞台（有時候是指真的上台）。不過，憑著對風氣的新視野、合宜的領導方法、正確的溝通工具和健全的勇氣，我們就可以彌合近年來在全國各地蔓延的政治分歧。

我們能贏得每一個人的心嗎？當然不能。沒有什麼事可得到百分之百所有人的肯定。但我相信，多數美國人都愛國，而且互相友愛。我們只是要建立一場以這些真理為中心的運動和風氣。

讓我們開始吧！

第1章
輕蔑的風氣

那是二〇〇六年。我在雪城大學任教，我的第一本暢銷書《誰會真正關心慈善：保守主義令人稱奇的富於同情心的真相》（*Who Really Cares*）剛出版。這本書寫的是慈善捐獻，按照政治和宗教分門別類美國慈善捐獻最多的人。

聽起來還真是本引人入勝的書，可不是嗎？坦白說，我當初沒料到會受到這麼大的關注，還以為如果能賣個幾千本就可以很高興了。為什麼？我以前的作品大部分是枯燥的學術期刊文章，標題令人血脈賁張，像是〈遺傳演算法與公共經濟學〉和〈網際網路藝術拍賣之條件評估及贏家詛咒〉。《誰會真正關心慈善》比這些有趣一點，但也不算多有趣。我出版了這本書，期待沒人打電話來。

結果相反，有人打來，一打再打。學術書籍偶爾會發生這種事，天時地利人和，正中流行的時代精神。不管什麼原因，總之它成了頭條報導，有些人捐了很多給慈善機構，有些人沒有，這本書看來解釋了為什麼。幾位名人都提過這本書，我都還來不及注意，這本書就上了電視，然後開始每天賣出好幾百本。

對我來說，最怪的是都是完全不認識的人來找我。我很快就習慣素未謀面的人寄電子郵件給我，向我細訴他們私密的人生，因為，我知道，當人們讀完你寫的整本書，就會覺得已經認識你了。甚至於，如果他們不喜歡那本書，就等於不喜歡**你這個人**。

書上市幾週後的某個下午，我收到一名德州男子的電子郵件，一開頭就寫著：「親愛的布魯克斯教授：你是個騙子。」真是個粗魯的開場白。但這位來信的德州人還不止這樣，他的電郵大概寫了五千字那麼多，批評書中每一章的細節，細數我身為研究員和身為一個人的諸多不足之處。花了我二十分鐘才讀完他的長篇大論。

好，現在請設想一下我的處境，此時你會做什麼？三個選擇：

選擇一：不理他。只是個隨便冒出來的傢伙，對吧？何必浪費**我的**時間，即便連他也浪費**他的**時間來抨擊我的書和裡面的引經據典？

選擇二：辱罵他。像是這樣：「你沒別的事好做嗎？就只會主動去攻擊一個陌生人？找點正經事做吧！老兄。」

選擇三：打趴他。挑出三、四個他最蠢的大錯，不留顏面地攻擊他，再補上一刀：「嘿！笨蛋，如果你不懂經濟學，最好別在經濟學專家面前讓自己出糗。」

在現代的意識形態衝突中，我們越來越認為僅有這三種選擇（或它們的各種組合）可用。有人上前反對我們的意見時，能想到的其他選擇越來越少。有沒有注意到，它們都有共同的根源：輕蔑。它們全都傳達出某種觀點：這個與我對話的人，不值得我一顧。

每一個選擇都會引來不同的回應，但共同點是，它們都預先排除了討論出豐富成果的可能性。這些選擇基本上保證會樹立永遠的敵意。你可能會說，是他先挑起的。是沒錯，但你也可以說，我寫了這本書，所以是我先挑起的。不管哪一個，總之就像我家小孩在汽車後座打架時搶答「他先的」一樣，對我來說向來不管用；在此的目標是削減輕蔑的風氣，而爭這個，對於道德而言，無足輕重。

稍後我會告訴你，忽視、辱罵、打趴這三個選項，我選了哪一個來回應這位來信的德州人。不過，在那之前，我們得先探究一下輕蔑背後的學理和價值觀。

動機歸因不對稱造成衝突

幾年前，我讀了一篇普林斯頓大學研究人員的文章，那篇文章刊登在《美國國家科學院院刊》（*Proceedings of the National Academy of Sciences*）上，是相當有聲望的學術期刊。主題是由於「動機歸因不對稱」造成的人性衝突，這是假設你的意識形態是基於愛，而對手的意識形態是基於恨的現象。

研究人員發現，當今多數的共和黨人和民主黨人都受到「動機歸因不對稱」所苦，情況相當於巴勒斯坦人和以色列人。[1]在這兩個例子中，雙方都認為自己是受到仁愛驅使，而另一方是邪惡的，動機是出於恨。因此任一方都不願意協商或妥協。結果作者們發現，「美國民主黨人與共和黨人之間的政治衝突，以及以色列人與巴勒斯坦人之間的民族宗教衝突，儘管在這兩種案例中都提供了合理的折衷解決方案，但似乎還是很棘手。」

想想看這有什麼意義：我們正朝著實現兩黨妥協的目標前進，從移民到槍枝，再到確認最高法院的大法官，這些議題，都與實現中東和平一樣困難。我們也許不會天天暴力對抗，但雙方都相信，自己才是受到愛驅使，而對方是受到恨驅使，這樣的社會還是無法進步。

人們常說當下時勢是一場「怒潮」，但這種推斷要是正確就好了，因為憤怒往往是自我設限。當我們想要改變某人的行為，並相信我們可以辦到時，就會產生這種情緒。憤怒經常被視為一種負面情緒，但研究顯示，憤怒的社交目的其實不是把別人趕跑，而是消除人際關係中有問題的要素，然後讓大家和好。[2] 信不信？很少有證據顯示，婚姻關係中的怒意與分居或離婚有密切關聯。[3]

回想你跟密友、手足或配偶吵過的架。如果你心煩意亂而發怒，你的目的是為了從你的人生中徹底把對方推開嗎？你是否會以為，那個人是出於**懷恨**才招惹你？當然不會。不管憤怒是不是正確的對策，我們會生氣，都是因為察覺事情不如該有的樣貌，我們想導正它們，也以為自己辦得到。

「動機歸因不對稱」並不會導致憤怒，因為它不會讓人想修補關係。相信你的敵人是懷恨在心，而恨意會導致更糟糕的後果：輕蔑。發怒是為了把人拉回圈內，而輕蔑卻是把人放逐。輕蔑往往是輕賤、羞辱與忽視他人，來達到嘲弄、使人羞愧、永遠從關係中排擠掉的結果。憤怒的意思是「我在乎這個」，而輕蔑的意思是「你讓我覺得噁心，你不值得一顧」。

我有次問一位心理學家朋友，暴力衝突的根源是什麼？他告訴我，是「藏不住的輕蔑」。使你發狂的是，你感到被輕蔑。這會使家人、社區和整個國家四分五裂。如果想樹立一輩子的敵人，那就向對方表示你的輕蔑。

知名社會心理學家與人際關係專家約翰・高特曼（John Gottman）的著作，詳盡記載了輕蔑的破壞力。他長期擔任西雅圖華盛頓大學的教授，並與妻子朱莉・史瓦茲・高特曼（Julie Schwartz Gottman）共同創辦致力於改善人際關係的「高特曼學院」（Gottman Institute）。高特曼在著作中研究了數千對已婚伴侶。他請每對伴侶先聊聊自己的故事，怎麼認識和追求對方的、身為伴侶的美妙和辛苦，以及婚姻長年下來的變化，然後才請他們討論引起爭吵的問題。

他觀察每對伴侶的互動僅僅一個小時，就可以預測那對伴侶是否會在三年內離婚，準確率高達百分之九十四。[4]他是怎麼判斷的？並非出於伴侶表達的怒意。高特曼很肯定，憤怒並不是分居或離婚的預兆。[5]他解釋，最大的警訊是輕蔑的跡象。包含諷刺、嘲笑、帶著惡意消遣對方，以及翻白眼，這個最糟糕。這些小舉動對於一個應該在配偶心中是最愛的人來說，明確傳達出「你很沒價值」的訊息。想看看一對伴侶最後會不會打離婚官司嗎？觀察他們討論爭吵問題的樣子，看看是否有一方翻白眼。

我問他，這些跟美國政治有什麼關係？在這個問題上，高特曼，一個熱情洋溢、快樂的人，變得悶悶不樂。

在這個國家的對話中，存在對尊重的貶低。總是自己人與他人之間的壁壘分明……我們看到，共和黨人認為自己比民主黨人好，民主黨人認為自己比共和黨人好，沿海的人認為他們比內陸的人好。一直這樣下去，我覺得很有害。這種「自己人與他人之間的壁壘分明」，就是使腦前額葉皮質（即我們雙眼之間的大腦部分）無法報以理解和同情的原因。這不是我們國家該走的方向。

在政治事務上，輕蔑的風氣盛行使意見相左的人無法共事。上 YouTube 觀看二〇一六年總統大選的辯論會，簡直是翻白眼和冷嘲熱諷的大集合。為此，請聽聽看各級政客是怎麼談論競選對手或另一黨的成員。他們越來越愛說別人不值得一顧，想法或觀點不正當。至於社交媒體？談及任何有爭議的主題，這些平台都是輕蔑製造機。

當然，在一個政治競爭對手也必須是協調合作的國家中，這很自欺欺人。有人告訴聽眾，你是傻瓜或罪犯，你想你跟這個人共事的可能性會有多大？你會跟公開宣稱你貪腐的人打交道嗎？有人說你的意見很蠢，要不要跟這個人交朋友？你怎麼會願意在政治上向這樣的人妥協？即使對意見相左的人帶著怒意，還是可以跟對方一起解決問題，但無法跟那些輕蔑你或你輕蔑的對象和解。

對於一個憑靠人與人之間共同合作來推動政治、社區和經濟的國家，輕蔑不僅不務實，也很不利。除非我們希望成為一黨專制的國家，否則，光是意見與我們不同的同胞，我們就輕蔑，後果誰都擔待不起。

輕蔑在道德上也站不住腳。在意識形態鴻溝對岸的多數美國人，都不是恐怖分子或罪犯。這些人跟我們一樣，只是剛好對爭議性問題的看法不同。我們若把這些同胞當作敵人，就會失去友誼，繼而失去愛和幸福；這種事情現在正在發生。我引用過一項民意調查，結果顯示，二〇一六年的大選造成六分之一的美國人已不再跟家人或密友交談。因為政治，人們切斷了親密的人際關係，但親密的人際關係卻是幸福的重要根源。

在二〇一八年快要進入大選中期時，發生了一個特別可悲的案例，現任共和黨眾議員的**六位兄弟姐妹**幫他的民主黨對手製作了電視廣告。[6]一位姊妹說他有種族歧視，一位兄弟說：「他看起來就是不健全。」另一位兄弟質疑他的政策動機，批評他對規範的看法一定是受到企業獻金驅使。他怎麼公開回應？他說，這些兄弟姐妹「與我有血緣關係，但就像無所不在的左翼分子一樣，他們認為政治意識形態比家人重要。史達林可引以為傲了。」[7]

在一九六〇年，只有百分之五的美國人表示，如果自己的孩子與另一個黨派的人結婚，他們會不滿。到了二〇一〇年，這個數字已增長到百分之四十，而且從那之後無疑也繼續增長。[8]湯瑪士・傑佛遜（Thomas Jefferson）曾說：「絕不允許政治歧見涉及到社交，或擾亂友誼、慈善或正義。」我們確實與此告誡相去甚遠。[9]

高特曼說輕蔑是「愛的硫酸」，然而它不僅破壞了我們的人際關係和政治穩定性，高特曼告訴我，還會導致我們的免疫系統全面退化，它會破壞自尊心、改變行為，甚至傷害認知能力。[10]根據「美國心理學會」（American Psychological Association），遭到輕蔑對待後經常會產生抗拒感，「憤怒、焦慮、沮喪、嫉妒和悲傷都會變多」，而且「在需要發揮智力的高難度任務上，表現會變差」。[11]受到輕蔑對待會造成可觀的身體傷害。與未遭到輕蔑對待的人相比，經常感到被排斥的人「睡眠品質較差，免疫系統也無法正常運作」。[12]

同樣值得重視的是，輕蔑不僅對受到不當待遇的人有害，對發出輕蔑的人也有害，因為輕蔑待人會導致分泌皮質醇和腎上腺素兩種壓力激素。不斷分泌這些激素，相當於活在持續的龐大壓力中，後果相當驚人。高特曼指出，一天到晚爭吵的伴侶，平均壽命比一直追求互相諒解的伴侶整整少二十年。對我們而言，輕蔑無疑是災難，更不用說我們所輕蔑的人了。

意識形態的孤島

輕蔑並不是我們真正想要的。我怎麼知道？首先，這是我每天、整天都會聽到的事。我經常旅行，我的工作就是談政策和政治。我們國家正在分崩離析，缺乏像高素養成年人那樣尊重政治觀點的氛圍；沒有一天是在無人哀嘆這樣的事實中度過，大家都筋疲力盡。

這正是「同大於異」（More in Common）組織的共同創辦人提姆．狄克森（Tim Dixon）所謂的「疲乏的多數大眾」，他們厭倦了持續不斷的衝突，擔憂國家的未來。在一項關於美國政治態度的開創性研究中，他發現，百分之九十三的美國人表示厭倦了國家的分化程度；百分之七十一的人「很堅信」這一點。多數人私下表示，他們相信妥協的重要性，反對極端左派右派雙方的絕對論，也不會受黨派性強的人鼓動。[13]

狄克森聲稱大多數美國人不喜歡輕蔑風氣的說法，也得到其他許多證據的支持。二〇一七年《華盛頓郵報》刊出一份馬里蘭大學民意調查，調查中問道：「你認為，目前美國政治的問題是否類似於黨派分歧的大部分時期，還是你認為，問題已經達到最危險的點？」百分之七十一的受訪者選擇了後者。[14]幾乎三分之二的美國人說，國家的未來是很大或有點大的壓力來源，比認為壓力來源是金錢或工作的人比例還高。[15]更令人不安的是，有百分之六十的美國人認為，當前的政治時局是他們印象中美國史上的最低點，「美國心理學會」指出，這個數字涵蓋了「每一個世代，包含經歷過第二次世界大戰和越戰、古巴飛彈危機和九一一恐怖攻擊的人」。[16]超過百分之七十的美國人認為，如果敵對的兩黨不合作，國家會因此嚴重受害。[17]

這違反了美國被想擊潰對方的兩組激進黨派分子一分為二的見解，相反的，大多數人的觀點都有微妙的差異，僅舉一個例子來說明：相較於高度擁護黨派的少數人，狄克森所謂的「疲乏的多數大眾」傾向認為美國的仇恨言論是個問題，但政治正確也是個問題。換句話說，這群多數大眾希望我們國家解決前者，而不是擁抱後者。

你可能正在思考，我得解釋一下：我一方面說，我國的風氣，尤其是政治風氣，輕蔑氾濫；另一方面又說，這不是大多數人想要的。難道在民主國家和自由市場中，我們沒得到想要的東西嗎？

是，也不是。在很多情況下，人們需要找個目標來厭惡。你遇過酒鬼嗎？每天早上他因為缺乏自律而自責，下定決心那天晚上不要喝酒。當夜幕降臨，充滿了焦慮和渴望時，他說：「嗯，我明天就戒酒。」同理，大部分老煙槍都說希望自己以前沒抽菸，但還是自願一直抽下去，這中間花了錢又毀了健康。

這是怎麼回事？答案當然是**成癮**，成癮蒙蔽了人心，無能做出長遠利己的打算。以我自己為例，我很貪戀甜食，十分清楚應該減少攝取精製糖，我想要擺脫甜食的誘惑，但我就是知道，今晚八點左右，這個決心就會潰散，我會去拿奧利奧餅乾來吃（都怪我老婆，誰叫她要買）。每個人可能都有自己專屬的弱點，也許是短期內需要、但長遠看來實在不想要的事物，也許是斷不了歹戲拖棚的交往關係、賭博，或者是又敗了根本買不起的衣服。

經濟學家仔細推敲過，人對事物成癮是有某種特殊需求的；短期來看，要打破積習的痛苦程度很高，所以我們會做出不利於長久的決定。於是我們是真的希望自己別再喝酒，但卻日復一日拖延，好避開戒斷的不適。

美國沉迷於政治輕蔑，儘管多數人討厭輕蔑對國家造成的影響，擔心長期下來世風會因此變壞，但許多人還是強迫自己吞服那些來自於民選官員、學者、藝人和某些新聞媒體的，形同精神毒品的意識形態。上百萬人恣意縱容自己的積習，輕蔑別人，在輕蔑的惡性循環中攪和，特別是在社交媒體上；希望全國辯論會的內容有營養、有實質意義，卻又不停渴望能羞辱另一方。我們明明知道應該略過不入流的社論，關掉有心人在節目上鼓譟的電視節目，別再一直追推特上的發文，卻縱容自己的罪惡衝動去聽這些東西，這樣才能驗證自己的成見，別人不但錯了，還愚蠢又邪惡。

當然，我們要為自己的輕蔑成癮負責，正如毒蟲最後還是要對自己的毒癮負責。但還有那些把我們推入火坑的人，也就是政治毒販，左右兩派分化的領袖，他們知道我們的弱點，為了追求自己的權力和名氣，在媒體、娛樂圈、學界和政界製造同胞之間的內訌。這些領袖主張我們必須選邊站，還罵另一方很邪惡，不值得一顧，而不是反求諸己，用善意尊重的態度傾聽他人，他們鑄造了輕蔑的風氣。

美國當今媒體上有個「製造惡行的工業園區」，憑著我們的輕蔑成癮而大舉獲利，他們從迎合單一的意識形態陣營開始，然後，左右派的領袖和媒體靠著告訴觀眾他們想聽的內容，販賣一套衝突的故事，繪製醜化敵對陣營的諷刺漫畫，誘使觀眾迷上輕蔑，讓我們覺得，自己所相信的都有正當理由，證實我們對那些異議人士最差的想像都是真的，他們的確又愚蠢又惡劣，不值得受到關注。

左右兩派的菁英意見領袖在搏取大眾視聽時，越來越愛把我們的政治分歧形容成末世的善惡掙扎，把對方與野獸相提並論，影射對方是恐怖主義者。打開愛看的報紙，或瀏覽黃金時段的有線電視節目表，你會發現一個又一個的例子。用字譴詞誇張的結果變得司空見慣？輕蔑的風氣日益加深，實際的暴力威脅，當然還有帳面上的利潤，都越來越大。（嘿，你有看《絕命毒師》對吧？毒品也非常有利可圖。）

社交媒體讓我們過濾掉自己不認同的新聞和觀點，加重上癮的程度，純化輕蔑這種毒品。布魯金斯研究院（Brookings Institution）指出，臉書用戶平均每擁有一個政治理念不同的朋友，就同時有五個是志同道合的。[18]喬治亞大學的研究人員表示，推特用戶不太可能暴露於跨意識形態的內容環境，因為關注的都是政治觀念同質的用戶。[19]學者也發現，即使在交友應用程式的世界，人們也會依照政治陣營來自我分類。[20]這些公司為我們提供的平台會創造意見迴圈，在這些迴圈中，我們只會暴露於同溫層，而且人們可以匿名來隱身，亂吐尖酸刻薄的惡意評論。

「意識形態孤島」意味著我們完全不與持反對意見的人互動。民意調查顯示，大多數的共和黨人和民主黨人都「僅有幾個」或根本沒有另一黨的朋友。[21]相較之下，只有百分之十四的共和黨人和百分之九的民主黨人有「很多」另一黨的密友。[22]不瞭解與自己觀點相反的人，只透過充滿敵意的媒體鏡頭去看待對方，結果可想而知。在對於另一方抱持「非常不喜歡」的看法上，現在民主黨人對共和黨人是百分之五十五，共和黨人對民主黨人則是百分之五十八。這個數字從一九九四年以來增長了三倍。[23]

有證據顯示，越少接觸對立觀點，我們身為而人的邏輯力就會越差。作家大衛・布蘭肯宏（David Blankenhorn）曾說，在過去十年，好幾個政治思考衰弱的模式正在興起。[24]這些模式中比較突顯的是：極端的二元意見（「我全對，所以你全錯」）；將不確定性當作示弱；有目的性的推理（只尋找支持自己觀點的證據，當人們能篩選給自己看的新聞和社交媒體時，更會如此）；人身攻擊的論證（「你的意見背後是出於自私和墮落」）；以及拒絕就任何基本事實達成共識（「你的消息是假新聞」）。

打不完的政治乒乓球

政黨政治的結構也助長了輕蔑的風氣。眾議院的四百三十五席每兩年要選一次。在最近三屆的全國大選中，越來越多席位失去了競爭意義，現任者以百分之九十、九十五和九十七的比例連任當選。[25]兩個政黨都劃下了充滿死忠信徒的不公平選區，把自己人分派到許多地區，把對手集中到少數地區，以便消滅他們的民意代表。結果，政治人物越來越只需要向自己的黨員拜票。初選通常會演變成比比看誰能採取最極端的立場，好證明對黨的忠誠，並轉化成死硬派的基地。不可避免的結果，就是將對方妖魔化。

國會議員常說，過去十年來變很多，他們不再花很多時間與對方黨員打交道，不僅政治意見不同，就算是私生活，彼此也幾乎素不相識。你可能常聽到，在過去幾十年，民主黨人和共和黨人每天都會在發言席上激辯，然後晚上一起出去聚餐，這是他們最終能成事的一種方法。憑著在公事之外共度日常，為所有人，包括那些不屬於自己政治陣營的人，共築下艱難抉擇時會需要的信任和善意。

政壇人士常告訴我，他們擔心被對方看破手腳，為了明哲保身，不私交有其必要。在意識形態純潔和極端政治輕蔑的環境中，挑戰者的一大夢想就是找到一個會跟「敵方」打交道的在位者。

這不僅對我們的政治很糟，對身而為人的政治人物也很糟。當然，兩邊陣營都有些人喜歡兩極化的現狀，他們的政治生涯就是要靠這樣才可行。十年前，在我搬去華盛頓特區前，也許我會相信這很正常，但現在我跟國會議員交朋友（某些讀者可能會很訝異），對於政治人物的敬意大增。他們是我見過最愛國，最努力的人。他們愛美國，也跟你我一樣，討厭我們的輕蔑文化。他們告訴我，很遺憾世道變得兩極化，想知道如何對抗這股潮流。就像我們一樣，他們也是美國政治輕蔑成癮的受害者。

最大的一項遺憾就是，有賴合作的重要議題變成政治上的乒乓球賽。一方得權，把自己的願景強加於嚴格的政黨路線選舉，再換另一方得權，試圖用相同方式把自己的願景強加於人。被夾在中間的，就是那些權力最小的人。

以美國的健保制度為例。二〇一〇年的《平價健保法案》（又名「歐巴馬健保」）改變了數百萬低收入美國人購買與提供健保的方式。這是走政黨路線的民主黨在參眾兩院投票通過的，共和黨完全不支持。只要共和黨一接管兩院和白宮的那一刻，這當然就會被撤銷，二〇一六年他們就這麼做了。儘管事實證明，要擺脫「歐巴馬健保」比共和黨所計畫的還要難，但他們確實成功除掉大部分，再度改變美國窮人取得健保的方式，並走嚴格的黨派路線來推動。一旦民主黨再次得勢，政治乒乓球賽就會繼續，而美國低收入戶的健保就是中間的那顆乒乓球，這點無人存疑，也不會是「假設」問題。

正如一句古老的非洲諺語：「大象打架，小草受害。」兩強衝突，弱者受傷。美國低收入的底層人民永遠是那些互相輕蔑的高層者不合作之下的輸家。輕蔑的政治風氣絕不會嚴重傷害到富人，而是傷害到窮人。我們應該要有共識，這是壞事。

從敵人變朋友，只要幾分鐘

輕蔑離間我們，害我們悲慘，挾持我們。我們到底想不要來點什麼不一樣的？要回答這個問題，得先回到開場故事，就是有人從德州來信，用詞激動地表示討厭我寫的書。看來我可以選擇的回答是：一、不理他，二、辱罵他，或三、打趴他。

但我選擇了第四種，而且對我而言是一大頓悟。事情經過是這樣的：當我讀這封電郵時，我感覺受辱又被攻擊。但我也一直在想：「他讀了我的書！」我充滿感激。身為學者，寫的東西幾乎沒人會讀，我對此已習以為常。我全心投入那項寫作計畫兩年，而這個人花了時間讀完整本書，這令我驚奇。我意識到這種特殊情懷，不管那是出於什麼理由，我決定告訴他。我回信告訴他，我明白他真的很討厭我的書，但我確實花很大的心力去寫這本書，很感謝他花時間精神鑽研細節。

十五分鐘過後，我的收件匣跳出對方寄來的第二封信。我打開信，做好心理準備。他並未再次大加撻伐，還說他很震驚，我竟然讀了他寫的信，下次我到達拉斯，我們應該一起吃頓晚飯。這封信完全友善。從敵人變朋友，只要幾分鐘！他突然喜歡我的書了嗎？當然不是。他只是明白了，他喜歡「我」，是因為我花時間讀他的信，而且做了善意回應。

別誤會，我不是什麼聖賢，每當受到人身攻擊時不會總是這樣回應。也許那天我們意外拉近距離，只是傻人有傻福。不過，這就是我從那次幸運互動中學到的：輕蔑不是愛的對手。要不要用輕蔑反擊，取決於我，而我用幾句感激之言就打斷這個惡性循環。這麼做，我感覺很好，而且改變了另一個人的心。

我第一時間親眼目睹：坦然表達好意與敬意時，輕蔑徹底變成了友善。我由此親身見證，良善、和解與連結，而不是輕蔑、分裂與孤立，才是我們真正的心之所欲。我著手去瞭解這背後的學理，研讀所能找到的一切學術研究，結識研究相關主題的學者。

加州大學洛杉磯分校的社會心理學家馬修．利伯曼（Matthew Lieberman）是專門研究這個主題的先進。利伯曼花了數十年探索人際關係的神經科學。他的論點是，我們天性渴望建立良好的社交連結，當我們搭建起連結時，大腦會感到非常愉悅。

你可以把這個想像成錢。利伯曼在著作《社交天性：人類行為的起點——為什麼大腦天生愛社交？》中觀察到，只要日常生活絕大多數時間有一個朋友可以碰面，就能帶來相當於每年收入多十萬美金的幸福感。[26]定期與鄰居打交道會多帶來等同六萬美金的幸福感。同時，破壞重大的社交紐帶（例如與家庭成員）就像收入大減。[27]我想，之前提到的議員（被自己六個兄弟姐妹譴責）就像慘遭破產的重大打擊。

在楊百翰大學的一項類似研究中，心理學家研究了超過三十名研究參與者的習慣和社交連結，發現缺乏堅實的人際關係，會使各種成因的早死風險提高百分之五十。[28]哈佛大學出版的一份刊物指出，缺乏社交連結的交流，感覺相當於大概每天抽十五支菸。[29]

這些事實和數據對你我的意義就是，我們都希望收入更多，沒人希望收入大減。雖然不能總是控制得宜，但的確可以影響一件對幸福同樣重要的事：與他人的連結。你願不願意用十萬美金的薪水，或多年的健康人生，來交換政治上的歧見？大概不願意吧！那就別犧牲友誼或家庭人和來交換這樣的歧見，也不要因為政治就錯過有可能建立的新友誼。

許多近期研究都提問為什麼我們渴望連結，也找到了生理學上的答案。埃默里大學神經科學家發現，社交合作啟動了大腦中處理獎賞感受的相關區塊。[30]他們使用大腦掃描來呈現，當我們體驗到連結的樂趣時，就會啟動這些獎賞的迴路，證明「社交合作對人類大腦而言，自然而然帶有獎賞意義」。[31]相反的，當我們遭到排斥或拒絕時，就會啟動大腦的疼痛中心。事實上，大腦處理人際關係受挫的方式與處理肉體疼痛的方式相同。正如利伯曼在研究中的發現，從各方面來看，心碎的感覺都很像斷了腿。[32]

再問一次自己：你是否願意骨折，就為政治上的「正確」？

我們不需要腦部掃描來告訴我們，建立人際關係遠勝於輕蔑和分裂所帶來的後果。畢竟，幾千年來，世界上偉大的思想家和宗教都一直在勸導，要用團結的智慧來因應千禧年。

在《理想國》中，偉大的哲學家柏拉圖寫道：「在應該由團結來統治的地方，除了不和諧、轉移焦點和多元化之外，還有更邪惡的事嗎？還有比團結在一起更了不起的事？不可能有的。」[33]亞里斯多德也有相同信念。他在《尼各馬可倫理學》（*Nicomachean Ethics*）中寫道：如果脫離團結一心的友誼，「儘管擁有一切其他的好處，沒有人會選擇活下去」。[34]

全世界宗教的聖典中也一致提到這個主題。聖經〈詩篇〉第一三三章讚揚：「弟兄和睦同居是何等地善，何等地美！」[35]在〈馬太福音〉中，耶穌提出警告：「凡一國自相紛爭，就成為荒場；一城一家自相紛爭，必站立不住。」[36]《薄伽梵歌》是印度教古老的聖書，它教導我們，有一種能夠「在萬事萬物中洞察到單一不朽的存在，在分裂中洞察到不分裂」的知識，充滿「悅性」（sattvic，純潔、善良和美德之意）。[37]

湯馬斯·潘恩在他著名的小冊子《常識》（*Common Sense*）中表示「我們強大的力量不在於多數，而在於團結」。[38]詹姆斯·麥迪遜在第十四期《聯邦報》上提出警告：「所有新奇事物中最令人擔憂的，所有計畫中最瘋狂的，所有嘗試中最草率的，就是把我們當成碎片，才能保有我們的自由與增進我們的幸福」。[39]約翰·亞當斯認為，美國派系分裂之癌，「根據我們的憲法，應視為政治上可怕的極大之惡」。[40]在喬治·華盛頓的告別演說中，最知名的就是提出警告，政治敵意會造成「惡果」。[41]

我們一定會想辦法同時既愛我們的朋友，又蔑視我們的敵人，有時甚至會想辦法共同蔑視「他者」來建立團結。但這是行不通的，就像酒鬼「只要喝一點點就好」的託辭。醉酒讓人不清醒。輕蔑讓人遠離愛，因為它變成我們關注的焦點。如果你蔑視「他們」，就會有越來越多的人變成「他們」。蒙提·派森在《萬世魔星》（*Life of Brian*）這部電影中惡搞詼諧地點出這一點，電影中的世紀大仇敵是兩組對立的猶太異議團體：「猶太人民陣線」（Judean People's Front）和「人民猶太陣線」（People's Front of Judea）。

從古希臘哲學家到世界各地的偉大宗教，再到我們的開國元首，再到現代心理學研究，都在勸告我們，要選擇自己真正的心之所欲：愛與善。他們明確警告我們，若分裂變得根深蒂固，我們將會悲慘與衰頹。

在此提出兩項告誡：首先，團結並不一定意味著達成共識，本書稍後有整整一章專門探討尊重分歧的重要性。第二，團結永遠是一種願望，我們永遠不會百分之百團結。即使在戰爭期間，我國也不是百分之百團結。然而，儘管不能完美，但是**越團結越好**，這樣的目標，依然是最能滿足我們最多心之所欲的正確目標。

如何對待意見相左的人？

我們想要愛，該如何得到？我們必須先說出：愛正是我們真正想要的。說起來容易，做起來難。有一則著名的聖經故事：

耶穌與門徒以及一大批群眾一起離開那座城時，有一個盲人巴底買坐在路邊乞討。當他得知那是拿撒勒人耶穌時，他大聲喊道：「大衛的兒子耶穌，求你憐憫我！」……耶穌問他：「你希望我為你做什麼？」盲人說：「拉比，我希望能看見。」[42]

乍看好像有點蠢。有一個盲人巴底買希望耶穌行使奇蹟。耶穌問：「你想要什麼？」要是我的孩子，可能會回答：「爸比，他希望能看見。」而盲人確實就是這麼回答的。

這個故事意義深遠，因為儘管人們**確實**知道自己真正想要的是什麼，但通常**不會**要求得到。回想一下，你上次與所愛的人發生大衝突，你非常希望衝突能結束，感情重修舊好，但是無論如何，你們還是吵個不停。我有一個朋友，二十年來都沒有跟女兒說上話，甚至不知道他孫子的名字，他非常想和解，但就是無法靠自己辦到。你也許從未做過如此極端的事，但一次又一次，我們都體驗了關係破裂的痛苦，面子問題使我們無法修復關係。

又來了，那是成癮。成癮者**都**希望從癮頭中解放，也有很多管道可以幫助他們解放；他們所要做的，就是放掉厭惡的東西，要求得到真正想要的東西，但他們並沒有這麼做，有時甚至這樣一直到死。為什麼？大部分人說，戒菸的短期痛苦實在太大；情況或是酗酒，或是嗑藥，儘管如此可怕，卻是唯一能在空虛人生中帶來真正滿足的東西。

我們對於輕蔑養成了上癮的氛圍，為了謀取金權這樣的工業化合物而暴走的上癮，使得我們四分五裂。不過大多數人都不想那樣，我們想要的是愛、善意和尊重，但是，我們必須去要求得到它，選擇它。這很難，我們很重視面子，輕蔑會給人一種短期目標和滿足感，就像喝了一杯，忍不住再來一杯。沒人說戒癮很容易，但請不要誤會，我們可以選擇真正想要的東西，無論是身為個人，還是做為一個國家。

怎麼做？光是碰運氣是不夠的，像我對德州來信者，或是像霍克·紐曼和湯米·霍奇斯在華盛頓特區購物中心那樣靠臨場反應，都是不夠的。從今天開始，我們該怎麼做才能夠拒絕輕蔑，擁抱愛？

針對這個答案，我請教了兩位專家。

第一位是約翰·高特曼博士，在本章的前面提過他。我問他，他覺得，我們能怎麼把他對婚姻和諧的看法，運用於改善我們的國家論述。如果想看到一個以愛建立紐帶、更為團結的國家，該如何對待政治意見相左的人？

我問高特曼時，他停頓了一下，因為以前從未回答過這樣的問題。教授們總是不願意跨出自己掌握的資料和特定專業知識範圍。但他告訴我，他愛美國，對瀰漫全國的輕蔑感到沮喪，希望能讓大家齊聚一心。因此他告訴我四項法則：

1. 關注他人的痛苦，而且設身處地關注。當別人對政治感到不滿時，請用尊重的態度傾聽。發表自己的觀點前，先瞭解別人的觀點。永遠不要只為了反駁才去聽。

2. 與他人互動時，尤其是遇到意見不同之處，應採用他建議夫妻使用的「五比一法則」。確保每批評一次，都要提出五個正面評價。這表示，如果在社交媒體上，每一條他人可能覺得負面的訊息，就要搭配五條正面的訊息。

3. **從來沒有**任何正當理由值得報以輕蔑，即使在群情激昂的當下，你覺得有人就是該受到蔑視。輕蔑比你想像中更站不住腳，永遠對你有害，並且永遠不會讓任何人心服口服認錯。

4. 到異議人士所在的地方，向他們學習。這意味著結交新朋友，徵詢與你相反的意見。到了之後該怎麼行動？請參考第一條到第三條法則！

這些法則非常重要，我在本書會陸續擴充說明（並加入其他論點）。如果覺得要跟著做很難，別擔心！我會告訴你怎麼做。

我請教的第二位是我所認識最睿智的人，也是用同理心和愛的紐帶使人們團結在一起的世界專家：達賴喇嘛閣下。

達賴喇嘛是藏傳佛教人士的精神領袖，也是當今世界上最受尊敬的領袖之一。我們已經合作了很多年，儘管我是天主教徒而不是佛教徒，但對我而言，他是導師和嚮導。當我開始寫這本書時，正在印度達蘭薩拉喜馬拉雅山麓的寺院拜訪他。我問他：「閣下，當我感到輕蔑時該怎麼辦？」從本書引言中，你已經知道，他的回答是：「修煉仁愛」。

老實說，我的第一個念頭是：**你還有別的答案嗎？**這個回答聽起來比較像某種格言，不是實用的建議。但是，當我好好想想時，發現這實際上是個艱難而實用的建議。他並非主張屈從於異議人士的觀點。如果我認為自己是對的，我有義務堅持自己的觀點。但是我的責任還有對待所有人，包括與我有很大分歧的人，要親切、公平和友善。

很難？當然。達賴喇嘛是提出強者仁愛（而非弱者）的第一人，他親身實踐這樣的忠告。一九五〇年中國入侵西藏，他才十五歲就成為西藏佛教徒的領袖。[43]一九五九年，西藏人民遭到殘酷鎮壓，達賴喇嘛流亡，從此以達蘭薩拉為家，領導一群窮困且流離失所的藏族人。達賴喇嘛和他的人民遭到的輕蔑對待，比我們多數人一生會遇到的更糟，這些輕蔑來自故鄉，而且他們不被視為人。

他如何回應？達賴喇嘛每天開始為中國、其領導人和人民祈禱。[44]對於驅逐他和他的追隨者，導致他們流亡，且繼續壓迫西藏人民的政權，他修煉仁愛。那是強而不是弱。仁愛不是出於膽怯。

我對他提的下一個問題是：閣下，我該怎麼做？請給我一些實用的提點。他告訴我：回想一下你生命中的某個時刻，當你以仁愛的態度回應輕蔑時，記住那給人的感覺，然後再做一次。正是那一刻我意識到，仁愛的態度，正是本章開頭提到的，改變了我回覆電子郵件的原因。我不由自主用仁愛回應了輕蔑，眼看輕蔑瞬間消失。

我們政治論述的脈絡中流淌著帶有毒性的輕蔑，而善意和仁愛就是解毒劑。當湯米．霍奇斯和霍克．紐森（本書開始時提到的川普集會遊行者，以及「黑人的命也是命」的社運人士）抵達國家廣場時，我們就目睹了輕蔑。湯米邀請霍克上台，不僅提供霍克演講的舞台，還展現了身為美國同胞的氣節。他很明確地說，我可能不同意你的意見，但一定要讓你表達意見，這件事很重要。直接展現這種尊重，打破了相互輕蔑、分離彼此的高牆，徹底改變了他們的互動。

霍克善意回應，以一種正面、仁愛的方式吸引聽眾。他向聽眾表達了共同的道德目標：聲明他是個熱愛國家，想讓美國變得更偉大的美國人。同時挑戰他們，對於非裔美國人的困境做出不同的思考。他的手法是要深深凝聚大家，基於道德而主張同理心和公平，召喚出所有人早已刻印在自己內心的事。

這並不意味著每一位聽眾都同意他的話，他們並非如此。而是發生了比僅止於政治認同更為深遠的事：人性彼此相連，引發尊重以及有建設性的競爭觀點。

這正是美國所需要的，這就是我們的心之所欲，而且不是曇花一現，只要我們有勇氣和熱望去追求，就可以在全國執行，能夠一再重現。

怎麼做？就從自己與他人的互動開始。當你遭受輕蔑對待時，不要把它當作威脅，而是機會。在《法句經》這本佛陀說法的大合集中，佛陀說：

以不忿勝忿，
以善勝不善，
以施勝慳吝，
以實勝虛妄。[45]

第一次讀到這段時，我覺得很奇怪，還以為佛陀是指示我們，把仁愛變成一種壓制他人的手段，但這是誤讀。經過反思，我意識到，**我**是一個憤怒的人，一個脾氣差的人，一個可憐的人，一個假道學。我的任務就是征服**自己**，要這麼做，就是透過向他人表示仁愛，尤其是當對方不以仁愛待我時。

遭到輕蔑對待是一個機會，至少能趁機改變一顆心，你自己的心。你可能無法控制他人的行為，但絕對可以控制自己的反應。你可以打破輕蔑的循環，而且你有辦到的力量。

無論你是左派還是右派，這個機會都會比想像中還要快到來。覺得在社交媒體上遭到不公平的攻擊？請以仁愛的態度回應。聽到有人對那些跟你一樣投票支持某種理念的人發表惡意挖苦的言論？請用善意回應。想辱罵那些與你意見不同的人嗎？請喘口氣，改用愛來應對。

你可能會說，聽起來不錯，但如果我感覺不到愛呢？**沒關係**。因為我們會在下一章中看到，往往是我們的**行為**決定**感受**，而不是感受決定行為。如果想等到你對政治敵人產生仁愛之心，那就像在等待**仁愛感受出現鑿穿冰冷的墓碑一樣**。除非發生罕見的情況，否則通常不是先有態度才有行動，而是先有行動，才因此展現態度。感受不到嗎？那就假裝你可以，你很快就會開始感受到了。

本書接下來將提供許多實用的祕訣，說明如何以仁愛回應輕蔑，如何選擇善意而不是輕蔑。這不僅可在個人的掙扎中引領我們，還可以達成很多事。教導我們每個人如何成為領導者，對抗社會上的輕蔑，並為更多人（無論他們投票的選擇或世界觀為何）帶來彼此相愛的喜悅。

第2章 有客氣待人的勇氣嗎？

來講一個經典的故事。有個長相普通的男子（叫他麥可好了）遇到了一位美女。儘管他有點配不上她，但她還是願意花時間跟他相處，而且似乎蠻喜歡他的。他為她做飯，細心傾聽她說的話，並且一貫以尊重的態度待她。兩人關係進展得不錯，直到有一天，她認識了一個渣男（叫他陶德好了），對她很差，但他又帥又有自信。她愛上了陶德，把可憐的麥可純當成朋友。麥可知道陶德不會善待她，這段關係的下場可能不會太好，但是這一點寬慰不了他。

這就是「好男人的矛盾」，大部分人似乎都相信它存在。到任何一家書店的勵志心靈成長專區，都會看到諸如《別再當「好男人」：怎樣才能交到女朋友》之類適合男性讀者的書名，以及諸如《停止和渣男交往！》之類適合女性讀者的書。這在情場上如果代表了什麼意義？那就是好男人難出頭。

政治也是同樣道理。把「男性」這個指稱拿掉，對每個人都適用。想在輕蔑風氣中成為贏家嗎？不能當爛好人，因為那**太弱了**。看看暢銷的政治類書籍，你會發現一整排的書名都是在指控對方（就這麼剛好）全是騙子、無賴和瘋子。此外，在終極的政治市場測試（選舉）中，我們有看到什麼足以證明當一顆軟柿子會是成功的策略？當然沒有。跳下去淌個混水，不然乾脆打退堂鼓。

你媽媽叫你要當好人，我知道。老天保佑她，但在又大又壞的真實世界裡，這個建議很糟。你當不起好人的，對吧？

男人不壞，女人不愛？

二〇〇三年，南卡羅萊納大學的兩位心理學家喬佛瑞·厄本亞克（Geoffrey Urbaniak）和彼得·基爾曼（Peter Kilmann）決定研究是否正如大家假想的那樣，女性真的寧願選渣男而不是好男人。[1]他們向東北一所小型文理學院招募四十八名自願受測的女性，要她們讀一九七〇年代流行的電視遊戲節目《愛情乒乓球》（The Dating

Game）的模擬腳本，女性參加者會要求藏在幕後的男性回答測驗題，然後完全根據他們的答案來選擇一位男性來約會。在模擬腳本中有一位虛設的參加者蘇珊，她必須從（說巧不巧又是）麥可和陶德兩人中選一位。麥可的條件保持不變，陶德則有三種不同版本隨機出現：

第一種版本是「好男人陶德」，善良、體貼，善於表達情感。問他對於「真男人」的定義是什麼時，「好男人陶德」回答：

> 真男人就是隨時在意自己的感情，以及伴侶的感情的人。善良、體貼，完全不會大男人主義。在床上也很棒，把伴侶的愉悅擺在第一位。我肯定會說，我就是一位真男人。

第二位是「中庸陶德」，給的是中立的答案。他回答蘇珊：

> 真男人知道自己想要的，而且知道怎麼得到他想要的。盡力工作，盡情玩樂，善待他愛的女人。在床上也很棒。我肯定會說，我就是一位真男人。

第三位是「渣男陶德」，是個冷漠、只顧自己的大男人主義渣男：

真男人知道自己想要的，而且知道怎麼得到他想要的。很清楚自己是什麼料，但讓別人猜不透，老是令人不安，不來摟摟抱抱那一套。在床上也很棒，會告訴伴侶他喜歡怎麼被伺候。我肯定會說，我就是一位真男人。

在所有情境中，陶德的競爭對象是「中庸麥可」，後者告訴蘇珊：

真男人是從容的。不會認為世界令他失望。他充滿自信，堅定，始終保持正面態度。他也是接吻高手，我絕對是這樣的一位真男人！

參與者讀完腳本後，會被問到蘇珊應該選陶德還是麥可？結果，百分之八十一的人選了「好男人陶德」而不是麥可，只有百分之七的人選了「渣男陶德」而不是麥可。在被問到自己比較喜歡誰時，將近百分之七十的女性選了「好男人陶德」而不是麥可，只有一位女性選了「渣男陶德」而不是麥可。「好男人陶德」被選中的比率，不僅是所有人選中最高，參與者對他的評價也高，女性們認為他比「渣男陶德」聰明，魅力程度還跟「渣男陶德」不相上下（這一反流行的看法，即女性覺得好男人沒比渣男有趣或有魅力）。「研究證實了一種觀點，即女性的偏好確實與她們的行為相符，好男人才受青睞。」作者寫道，「在各種不同的交往情境中，對於『好男人陶德』的刻畫為：他比較常被選中，女性會更想跟他交往。」

到目前為止一切都不錯。但在研究中（就像在《愛情乒乓球》電視節目中），女性實際上看不到陶德和麥可。這個節目的前提就是強迫女性根據個性而非長相去選擇。但在真實人生中我們都知道，外表有沒有吸引力大有關係。厄本亞克和基爾曼想瞭解：女性是否寧願選擇一位性感的渣男，而不是外表普通的好男人？

為了找出答案，他們決定再做一次相同的調查研究，但這次他們給女士們看「陶德」和「麥可」的照片。陶德的帥度和「好人度」都是變數，麥可還是常數，外表和個性都保持中庸。結果很清楚，毋庸置疑。外表差不多時，「好男人陶德」勝過麥可。但最驚人的結果是，百分之八十五的女性選了麥可而不是「渣男陶德」，即使**陶德長得比較帥**。他們發現，麥可的「被選中率一面倒，儘管他外表沒陶德好看」，「大多數女性都不接受不在乎別人感受的男人，即使他比競爭對手長得好看」。

你是否好奇過神明真的存在，有證據嗎？給你看，別客氣，這就是證據。

那麼，在女人心目中，好男人比較沒魅力的刻板印象是從哪裡出現的？在一九九九年，有份兩位加拿大研究員針對大學女性的研究發現，在「他是個……**好人**」這樣的句型中，這個「好」字通常是「欠關愛、脆弱、老套、無聊、不懂人情世故、缺乏魅力」的禮貌性委婉語。[2] 而當男人的個性真的**就是**好，女人比較喜歡。

不僅女人覺得個性好更有魅力，慷慨對待缺乏關愛者的男人看起來更帥氣。二〇〇九年，荷蘭和英國的研究員給女大學生看同一位男演員的三支影片。在第一支影片中，他對街上乞討的人很大方；在第二支影片中，他只給對方一點點錢；在第三支影片中，他什麼都沒給對方。研究結果顯示，在這些女性眼中，他給得越多，看起來越帥氣。[3]

幾年後，英國的心理學家發現類似的情況。他們給女士們看兩位不同男士的照片（一位非常英俊，另一位實在沒那麼帥），問她們，在幾種不同的情境下，她們會比較想跟哪一位男士交往。[4] 在第一種情境中，兩位男士走在繁忙的街上，注意到有位街友坐在咖啡店外。一位男士決定走進咖啡店，買一個三明治和一杯茶給街友；另一位假裝忙著講手機，從街友面前走過去。不論長得帥還是不帥，女士會更想跟有利他行為的男士長期交往。十分利他但不帥的男性確實比不怎麼利他但很帥的男性更讓人嚮往。至於短期交往，又帥又利他的男性也是評價最高的。（不過這項研究結果也發現，若只是短期交往關係，女性稍微偏好帥但不利他的男性，而非不帥但利他的男性。看來渣男有時適合一夜情，但若要走得長遠，還是好男人才會得到女人的心。）

補充說明，在此我好像只把焦點放在男性，那是因為研究本身的設定就是那樣。至於男人是否比較喜歡好女人，這方面的文獻少很多。有少數研究發現，男性的確比較喜歡友善的好女人，因為他們會把那判讀為女性在表達她有性趣（我知道此刻你覺得很傻眼）。[5]

在戀愛的世界裡，友善這種特質被視為有長遠的價值，但在職場呢？二〇一五年，喬治城大學和格勒諾布爾（Grenoble）管理學院的研究人員進行了一項工作場合的研究，提出一個問題：「當好人或許可以交到朋友，但這對於生涯，究竟有益還是有害？」[6]為了找出答案，他們研究了在工作場合抱持友善和教養對於三種特定工作成果的影響：一、被尋求建議；二、被視為領袖；三、工作績效。

釋出善意的人在這三種結果中都領先。研究人員發現，同事之間若覺得對方友善，教養又好，他們就會「更想向此人尋求工作建議，並將此人視為領袖」。同事們也認為，友善的同事比較稱職，上司對他們打出的考績也更高。確實，研究人員發現，正因為他們人品好，績效才更高。結論是，友善的人「提高了別人想來尋求（可能還有交換）資訊和建議的可能性，結果因此又提高了績效」。如果你想被視為將來的領袖，想升遷和加薪，請善待你的同事。

很顯然這符合社會學，無論是談戀愛還是在職場，好人並沒有難出頭。你母親的觀念終究是對的，那當然了。

領導者的特質

至於領導能力呢？長期以來，大家都認同，在政界或當主管，「渣男陶德」都可以過得還不錯，只要長得體面，說話又懂得圓滑就可以了，換句話說，他活生生就像電影裡的政客或執行長。事實上許多研究都顯示，公眾偏好讓性格外向、有魅力的人擔任領袖的職務。

然而，最近我們對此的理解出現了細微的差異。在二〇一三年的《心理科學》（*Psychological Science*）期刊中，研究人員表示，選民通常會選長得好看的政治人物，不是因為我們膚淺到沒救了，而是因為這向我們的大腦強烈暗示，這個人很健康。[7]（人們當然會想要不太可能突然倒下的領袖。）這與腦科學的新研究相吻合；研究顯示，身體吸引力是判斷伴侶人選生子養家能力的直觀線索。

但是，當我們挑選領袖時，正向的人格特質也變得很重要。哈佛商學院教授艾美・卡迪（Amy Cuddy）對領袖的人格特質做了大量研究，她說：「發揮影響力和領導的方法，就是從溫情開始。溫情是影響力的渠道，可以促進信任與思想的交流吸收。」[8]她引用了一項針對將近五萬二千名領袖的調查，按受喜愛程度與領導力排序。這些數據顯示，只有百分之零點零五的領袖（千分之二）的受喜愛程度排倒數四分之一，領導力則排前四分之一。若不是有必要，人們是**不會**想追隨混蛋的。

喬治城大學和格勒諾布爾管理學院的研究得出類似的結論：「看來，與其採唯唯諾諾或必恭必敬的態度來自我貶低，不如表現出自尊自重，才能獲得影響力。」研究人員發現，「對於領袖和可能成為領袖的人而言，客氣看來價值連城，能引出溫情，開始建立關係或為關係紮根；也象徵著領導能力。」

不過，請先暫時忘記數據，想想自己的人生。你遇過哪一種讓你喜歡與敬佩的老闆？我打賭一定不是混蛋。現在問問自己，有哪些領袖人物的故事對你有啟發？這些人物可怕嗎？他們是不是因為德行和善良而排除萬難、獲人擁戴的領袖？商管書作家詹姆士・M・西特林（James M. Citrin）與理查・A・史密斯（Richard A. Smith）在暢銷書《傑出生涯的五種模式》（*The 5 Patterns of Extraordinary Careers*）中指出，最了不起的領袖是被熱愛他們的追隨者帶往成功的。[9]

用世界史的角度來看這一個觀點，我最喜歡的就是曼德拉的故事。他曾被實施種族歧視制度的政府視為政治犯而入監二十七年。[10]他曾被迫勞動，做艱苦的體力活，日日打石頭。他被迫工作的採石場陽光太刺眼，對他的視力造成永久損傷。他很高，卻睡在一個長度不及身高的牢房裡。

曼德拉對迫害他的人有何反應？我們當中很多人可能會不屑而大肆抨擊，或因為絕望而退縮。但他反而與逮捕他的人交朋友，學他們的語言，溫厚對待他們，甚至對那些人喜愛的橄欖球運動感興趣。你可能會想說，曼德拉患了人質的斯德哥爾摩症候群，有同情綁架犯的傾向，於是壓迫和殘暴得償所願。

你可能誤會了。曼德拉堅信，唯有善良才能在道德掙扎中勝出。他認為，人即使遭到不公正的迫害，也該用友善尊重的態度對待他人，這方面若不及，都有損自己的品格。

當然，曼德拉並未死於獄中。他在一九九〇年站上政治舞台，終結了種族隔離政策，同時開創療癒南非的新時代。他致力導正這個國家過去數十年的錯誤，推動的方式與他在獄中的舉止一致。他會晤打造種族隔離制度的亨德里克・維爾沃德（Hendrik Verwoerd）遺孀貝茜・維爾沃德（Betsie Verwoerd），樹立和解與善意的模範。曼德拉與南非總統戴克拉克（F. W. de Klerk）因投入和平與民主改革，共同獲得一九九三年的諾貝爾獎。一九九四年，曼德拉當選南非總統，象徵著民族團結事業的一大勝利。在一場意義深遠的民族團結行動中，曼德拉鼓勵所有南非人，為參加一九九五年世界盃的南非橄欖球隊打氣。南非國家橄欖球隊（跳羚隊）一度被看低，並且曾是過去臭名昭著的種族隔離政策象徵，卻在「一個團隊，一個國家」的旗幟下奪冠歸國。

曼德拉是最偉大的領袖人物之一，理所當然已名留青史。他的偉大歸功於堅強和勇氣，也歸功於他向所有人（包括逮捕他的人）展現的善意。我們生活在現代往往被提點，善良與成功必須二擇一；曼德拉卻說，我們不是非要做這種抉擇不可，反而可以在打擊輕蔑風氣的同時，學著用上他開朗友善的領導風格。

待人客氣的技巧

那麼為何當今在政界、商界和媒體界，有那麼多「渣男陶德」呢？在這樣高效率的市場上，這真的沒有意義。在下一章你會看到這個問題的答案。但與此同時，對你而言主要的收穫是：無論你是政治家、執行長，亦或只是想改變國家的普通公民，都能有待人客氣的勇氣。事實上，待人不客氣造成的代價，你也擔待不起。

如果你一定要問：該怎麼待人客氣？我的淺答就是：你的麻煩大了。不過這樣的回答太草率，因為當今世界的情況並非總是明朗。大部分時候我們感到如同困獸，內心幾乎難有善意。我們有被苛待的經驗，要真心抱持善意，可能要靠多年修行和積極學習。但要是你願意，那就太好了！辦法需要從長計議，何不先學幾個破解的小技巧？

第一種破解方式：裝也要裝出來。即使你不想客氣，也要做做樣子，像個客氣的人。要不了多久，你就會真的變成一個比較客氣的人，而且體會到善有善報。

這似乎違反直覺。大多數人都認為，我們的舉止是隨情緒而動，要是覺得開心，就會有快樂的舉動，要是覺得喜悅，就會微笑。先有態度，才有行動，某些情況下確實如此，但這只是一半的世界觀；古聖先賢一直教導人們，態度也會隨著行動而變化。越南佛教大師釋一行禪師曾說：「有時候，喜悅是微笑的源泉，但有時候，微笑也可能是喜悅的源泉。」[11]

根據近代的科學研究，這是真的；在「自我感知論」中，「彷彿」有某種感覺而採取某種行動，實際上就會導致感覺成真。這項研究的先驅是名一位名為詹姆斯・萊爾德（James Laird）的心理學家。一九七四年，他在麻塞諸塞州伍斯特市的克拉克大學做了一系列測試，誘導受試者在未意識到自己表情的情況下微笑或皺眉（在受試者臉上貼假的電極片，騙他們，他正在測試「各種情況下臉部肌肉的活動」）。他給受試者看小朋友玩耍和3K黨成員遊行的照片，同時控制他們的臉，命令他們皺眉或微笑，之後再檢測他們的心情。他發現受試者表示：「擺出微笑的表情時，覺得自己比較快樂，而擺出皺眉的表情時，則覺得自己比較憤怒。」

在第二個實驗中，萊爾德使用了相同的設定，但這次給受試者看卡通，同時命令他們不是微笑就是皺眉。受試者發現「微笑著看的卡通，比皺著眉看的卡通更有趣」。萊爾德得出結論：「操控表情的動作，足以改變受試者回報的主觀情緒體驗。」[12]

對於想傳播正面訊息、將眾人團結起來的領導者而言，微笑就是強大的武器。的確，微笑的力量之大，可以消除種族偏見。二〇〇六年，一組研究人員要七十三名受試者笑著看陌生黑人和白人男性的照片。之後，研究人員要求受試者做衡量種族偏見的「內隱聯想測試」（IAT, implicit-association test）。他們發現「受到暗中誘發而微笑的受試者，先看到黑人面孔的人，比起先看到白人面孔的人來說，對於黑人比較沒有種族偏見。」[13]結果證明，當臉上掛著微笑時，很難對他人懷有恨意。

無論是自主還是刻意擺出的微笑，為何能讓人比較快樂和比較友善？因為微笑的動作其實會刺激與正面情緒相關的大腦區塊。一九九三年，心理學家保羅．艾克曼（Paul Ekman）和理查．戴維森（Richard Davidson）要一群大學生擺出九種不同的表情，每次二十秒，同時他們用腦電波圖（EEG）來測量受試者腦中的放電活動。[14]他們發現，奉命擺出的笑容與自主性的笑容都會產生相同的生理作用。是你選擇一定要讓自己微笑，從而啟動了大腦的快樂中心。

這些發現徹底改變了許多治療師治療憂鬱症和其他心理失常的方式。現在除了抗憂鬱藥以外，許多心理學家和精神科醫師還為患者開出認知行為療法，這是一種藉由改變功能障礙的態度和行為來提高幸福感的心理療法。事實證明，人不快樂時，會傾向以某些形式表現出來：身體動彈不得，窩在床上，很少與他人互動。而快樂的人會做的事正好相反，他們會下床四處走動，跨出家門，與他人往來，並且微笑。在認知行為療法中，精神科醫師會告訴憂鬱症病人，試著做快樂的人會做的事。與其穿著睡衣整天窩在家裡，不如下床，洗個澡，穿衣打扮，吃早餐，出門與人聊天。即使覺得自己很悲慘，也要笑著假裝自己很快樂。情緒多少都會對應上行為。

反之亦然。如果開始表現得像個沮喪的人，就會開始感到沮喪。每位父母都能憑直覺理解這種事，如果孩子開始與其他穿黑衣、舉止頹喪、有自殘行為的孩子混在一起，那麼你的孩子就會開始感到更沮喪。相對之下，如果孩子與快樂的孩子在一起，到處跑、微笑、大笑、運動，就會變得更加快樂。母親會對孩子這麼說是有道理的：「今天的天氣多好！出去屋外走走！」（當我還是孩子的時候，母親會禁止孩子離開屋子；但那個時代不同。）出門去，就是快樂的人會做的事；他們會走出屋外，享受好天氣。母親會希望自己的孩子快樂，她們憑直覺就明白，態度會因為行動而改變。

這種認知可以挽救婚姻。史蒂芬・柯維（Stephen Covey）在他的暢銷經典著作《與成功有約：高效能人士的七個習慣》（*Seven Habits of Highly Effective People*）中，提到一名男子來參加他的研討會，告訴他：「你看看我的婚姻，我實在很擔心。我和妻子的感情不如以往。我想，我就是不再愛她，她也不愛我了。我該怎麼辦？」[15]柯維告訴他，答案很簡單，他應該去愛她。但那名男子反對，說他不再感到有愛，他問：「當你就是不愛時，怎麼去愛？」

「我的朋友，」科維回答：「愛是動詞。感情，是愛的果實，是動詞。所以，去愛她。伺候她，為她犧牲，傾聽她，同理她，欣賞她。」柯維保證，如果他做了這些，用愛對待她，他就會再次對她感到愛，因為感情會隨行為而改變。「如果感情控制著我們的行動，那是因為我們放棄負責，任由感情主宰。」科維寫道：「反應強的人，會讓愛變成一種感情……積極主動的人，會讓愛變成動詞。愛是行動的表現，是你的犧牲，是付出自我……愛是透過帶著愛的行動所實現的價值觀。積極主動的人會讓感情服膺於價值觀。愛，感情，是可以重新得到的。」

（附帶一提，請讀一讀科維的著作。你可能以為這只是一本俗氣的勵志書，但它其實是一部傑作。這本書從許多方面來說都改變了我的人生。）

五十多年來，社會心理學家夫婦亞瑟·亞隆（Arthur Aron）和依蓮·亞隆（Elaine Aron）一直在研究人們如何墜入愛河。他們在一九九七年做了一項研究，看看是否可以在短短四十五分鐘內，在實驗室中，讓兩個完全陌生的人產生「相互的親密感」（無論是友情還是浪漫愛情）。[16]他們讓彼此不相識的男女聚在一起，還讓他們在實驗室裡面對面坐下，互問一連串三十六個親密程度越來越深入的問題。回答完問題後，讓這些男女彼此凝視四分鐘。[17] 結果如何？亞瑟．亞隆說：「四十五分鐘結束時，你會感覺和這個人很親密，彷彿是一生中最親密的人。」[18] 研究中的一對男女確實變得很親密，最後還結了婚。

這對你意味著什麼？想成為一個對人客氣、體面、溫暖和快樂的人，那麼就採取像樣的行動。不覺得有意願嗎？裝一下。即使天生缺乏兄弟情誼和團結意識，也要假裝有。即使感覺自己不像個會團結的人，也要表現得像那樣的人。你的態度終究會隨著行動而改變。

我們不必感到團結和兄弟般的情誼，只需要本著團結和兄弟般的精神行事，感覺就會隨之而生。同理，如果讓自己沉迷於輕蔑的習慣（聽廣播節目時皺眉，或對政治人物新發表的言論生氣），情緒也會隨著那些行為而起。萊爾德博士的一名受試者在實驗中受命皺著眉，告訴他：「我下巴收緊、眉頭下垂時，我試著別生氣，但擺出這樣的表情，恰好適合生氣。我沒有生氣的心情，但發現自己的思維老是擺盪在令我生氣的事情，我想這有點蠢。我知道自己處於實驗的情境中，也知道自己沒理由那樣感覺，但我就是失控。」他所描述的，可能也很像當今大多數人看有線電視新聞時的情況。

如果你認為這會使自己陷入某種假象，那肯定是錯的；這反而可以讓你控制自己該有的立場。你是否想成為那種因情緒而受折磨，隨當下情緒對他人做出反應的人？還是想成為領導自己的人？如果是後者，那就像領導者一樣行事，控制自己的外在表現。

感激之情的影響力

讓自己變得更客氣、更快樂的第二種破解方式也很簡單：表達感激之情。感激可以終結輕蔑，就是這麼簡單，你不可能輕蔑一個自己感激的對象。你知道嗎？正如你可以讓自己微笑一樣，你也可以讓自己懷抱感激之情，即使你不覺得想這麼做。

這就像變魔術，而且確實有一位知名魔術師向人們表演這種魔術。在一九三〇年代，自我成長的先驅卡內基出版了享譽世界的暢銷書《卡內基溝通與人際關係：如何贏取友誼與影響他人》（*How to Win Friends and Influence People*）。自八十年前首度出版以來，已售出三千萬本。

（附帶一提，就像科維的書，這部作品也是一本好書。書名聽起來像是指導如何讓別人屈從於你的意志，實際上卻是指導如何勇敢、過著符合德行的生活、尊重待人。）

卡內基為了寫這本書而做研究時行遍美國，尋找最成功的人，揭開他們成功的祕訣。他到紐約市，去百老匯看了那個時代最有名的魔術師霍華・薩斯頓（Howard Thurston）最新的表演。[19]

薩斯頓原本一無所有。卡內基寫道：「他小時候就逃家，變成流浪漢，搭著棚車，睡在乾草堆，挨家挨戶乞討食物，從棚車裡往外看鐵路標誌學會識字。」然而，出身低微的他卻崛起成為當時最出色的一位藝人。他在各地巡迴表演魔術，需要八輛火車來載運設備。卡內基說：「四十年來，他一次又一次環遊世界，製造幻象，迷惑觀眾，令人驚嘆不已。」他在超過六千萬人面前表演，這在電視出現以前的時代是空前的，他賺進將近兩百萬美元（相當於今天的兩千三百萬美元）。

卡內基在薩斯頓最近一場表演結束後，到他的更衣室訪問他成功的祕訣。他有變出什麼獨到的魔術嗎？「沒有，」薩斯頓告訴他，他的把戲相當傳統，沒有在魔術書上找不到的，就是紙牌戲法、帽子裡的兔子這類魔術。

薩斯頓告訴他，他成功的真正祕訣是感激之情。「他告訴我，許多魔術師會看著觀眾，對自己說：『好吧，那裡有一堆爛人，一堆；我會好好愚弄他們。』」卡內基寫道。「但是薩斯頓的方法完全不同。他告訴我，每次上台，他都會對自己說：『我很感激這些人來看我，因為他們讓我得以用一種非常愉快的方式營生。我會竭盡所能帶給他們最好的表演。』他說，他從來沒有一次在踏入舞台燈下前，不先對自己說了一遍又一遍：『我愛我的觀眾。』」（我敢打包票，他一定是邊笑邊說的。）

科學家一直以來證實的事，薩斯頓憑直覺就知道了：變得更客氣和更快樂的關鍵，就是感激。在二〇〇三年的一項研究中，研究人員要求大學生寫一份關於自己經驗的報告，每週一次，為期十週。[20]有一組大學生被要求列出「生活中感激或感謝的五件事」，另一組則被要求每週列出「生活中發生的五件麻煩事」，第三組被要求簡單列出「影響到你的五件事」，這五件事不分好壞。

研究發現，列出自己感激之事的人，比活在負面或中立事件的人，對於生活的滿意度要高很多。他們發現，「在感激條件下的受試者，對整體生活的感覺更好，也會更樂觀期待下一週的到來。」「在他們的報告中，抱怨身體不適的人比較少，也花更大量時間去運動。」

然後研究人員把挑戰的條件提高，改要求受試者**每天**寫下感激日記，為期兩週。他們發現，受試者不但更快樂，而且「他們在報告中比較常提到，曾幫過有私人煩惱的人，或情感上支持這些人。」研究人員發現，再要求他們這麼做三週時，還會「改善睡眠量和睡眠品質」，以及「明顯影響（正面影響和生活滿意度）受試者的配偶或重要另一半的幸福感」。

這是個明確的啟示：要更快樂，要對人更好，請多多重視祝福。

你可能會反對，有時就是很難覺得感激，尤其是面對有敵意或鄙視我們的人時。正是在這種情況下，我們最需要感激，就因為這很困難，才會是本書的核心。在路加福音中，耶穌提醒我們：「如果只是愛那些愛你的人，那你有什麼功勞？因為即使連罪人也愛那些愛他們的人……但是，愛你的敵人……那麼你會得到巨大的回報。」[21]或聽進亞伯拉罕．林肯在就職演講中說的：「我們並非敵人，而是朋友。我們不該互相敵對。雖然激情可能造成緊張，但絕不會切斷我們的情感連結。」[22]

身為在大學校園裡演講的中間偏右派人士，我所面對的聽眾一直都很難搞。有職員和學生來聽我演講，等著我提出反對進步的保守論調，好跟我吵架。我走在台上時，會看到很多人皺著眉和雙臂交叉。坦白說……面對一大群人，我一句話都還沒說，他們就對我抱持批判態度，這壓力真的很大。每次我上台前都會試著引導自己內心的霍華．薩斯頓，對自己說：「我愛我的聽眾，我很感激他們來到現場聽我演講。我需要他們。」

對我來說，最後一句是實現國家團結的關鍵：感激是基於認知到我們需要他人，甚至特別有可能是與我們意見相左的人。為什麼？因為我們有幸生活在史上最偉大、最自由的國家，在這個地方，就算意見不同也沒人會上門，強迫把你拖到勞改營。我們視這種自由為理所當然，但在歷史上，這的確是個奇蹟。如果你與我一樣，感激我們不是活在一黨專制的國家，那麼照理，一定要感謝那些與你意見不同的人，多元化和民主因此成為可能，你應該為此感激，並向觀點百家爭鳴的人表達這份感激。

如果你覺得不想呢？你知道，我會說：無論如何都要表現出感激的樣子。忘記你的感覺，決心把重點放在祝福。這麼做不僅會使你更快樂，還會讓你更感激，我們也會更容易擊敗輕蔑風氣。

*

有位政治人物曾告訴我，他感到非常痛苦，因為常常必須做一個連自己都不欽佩的人才能獲勝。即使想要客氣和尊重，也不得不說一些苛刻和無禮的話。他是個保守派，但被自家的激進分子逼到牆角。這些激進主義者罵他是「戴綠帽的人」（被閹割的保守派）或「魯蛇」（相對於人生勝利組）。我瞭解他的難為，尤其是在當前的環境；儘管如此，我還是斷然反對獲勝的前提是必須當混蛋。善良與能夠充分勝出的領導能力之間並沒有矛盾。我會這麼說，並非因為我是理想主義者，而是我注意過，事實能證明，混蛋的確遲早都會淪落成魯蛇。

客氣待人很難嗎？當然，需要技巧和實踐，就像其他值得爭取的事物一樣，但並非不可能。本章列出了兼顧美德和以求勝為目標的領導原則，這是一種由曼德拉、林肯和達賴喇嘛等人樹立模範的領導方式。依照自己想成為的樣子來行事，而不是依照特定時刻當下的感覺來行事，就從這樣的承諾開始。帶著微笑，表示感激，反覆練習，你就可以變成為一個更客氣的人，一個受到他人敬佩的領導者，成為永遠更強大的一股力量。

第3章
給領導者的愛的課程

在一九八〇年代末期和一九九〇年代初，我是西班牙巴塞隆納城市管弦樂團的法國號副首席。在數百場音樂會中，我演奏了有史以來最偉大的音樂天才莫扎特、舒伯特、貝多芬、布拉姆斯等人所寫的精美交響樂作品。

我討厭這個工作。

問題不是出在音樂。我愛古典樂，而且一輩子都愛。兒時我母親（職業畫家和業餘小提琴家）總是在家播放古典音樂。她告訴我作曲家的人生故事，我也學會分辨他們編曲風格的微妙差異。我四歲時學小提琴，五歲時學鋼琴，九歲時學法國號。十歲時就知道自己會成為職業的法國號樂手，我的整段青少年時期除了練習、上課、比賽和演出外，幾乎都沒做別的事。我大學上了一年就輟學，開始我的室內樂職業生涯。二十五歲時，我在巴塞隆納得到一份工作。一想到未來能夠演奏從青少年時期就開始聽的交響樂作品，我就很興奮。

那為什麼後來會變得不愉快？答案很簡單：問題出在指揮。他們是惡名昭彰的霸凌者，殘酷又需索無度，幾乎全面控制了樂手的藝術人生。為了鞏固權力，他們在樂手之間挑撥離間，弱肉強食，毀人信心。我們常說，有些指揮壞歸壞卻是天才，問題是所有指揮都壞透了。*

吹法國號是樂團中特別危險的工作，出於物理因素很容易出現漏拍，樂手也因此動不動就遭指揮鄙視嘲弄。有一次排練時，在一段難如登天的獨奏中，我漏掉一拍，指揮家要整個樂團停止演奏，不屑地看著我說：「布魯克斯先生，請不要再犯錯了。」我在腦海中想像他被謀殺的畫面。

如果真的這麼糟糕，為什麼不團結起來抵抗呢？我們為什麼不罷工或造反？因為許多樂手內心深信，我們就是需要暴君。我在巴塞隆納任職的某段時間，樂團要徵新指揮。本來的指揮是個惡霸，但接手這個職位的新指揮有過之而無不及。我曾見過他把長笛部一位六十五歲的男士貶低到落淚。我很確定，他一脫下他的漆皮鞋，我們會看到惡魔的蹄。

我跟旁邊的西班牙籍號角樂手聊起他，我說：「要是行政單位挑這個人來當我們的新指揮，那會是場災難。」

「是啊！他很壞，」我的同伴答，「但選他是對的，西班牙的管弦樂團就需要一個暴君。」

簡而言之，這就是輕蔑型領導者的悖論。我們可能不喜歡他們，但有時會覺得需要他們。像什麼時候？也許就是現在，在美國。我們的國家已經變成西班牙管弦樂團，雜亂無章，幾乎無法管治。許多美國人自然而然就用我巴塞隆納同事那樣的觀點來看待事物：我們問題大了，這種時代需要強悍的領導者。如果希望這個管弦樂團變好，就不需要仁慈、幸福和感激。我們需要那些願意打破幾顆雞蛋，甚至是打破幾顆腦袋的領導者。對吧？

強制型領導的吸引力

要討論領導才能，必須從一個殘酷的真相開始：無論是不是暴君，大家都不太喜歡

＊那段時光過後，我對樂團指揮的觀感軟化許多。我聽過有些指揮家是很棒的人。這種態度的轉變，剛好呼應我在此推動的管理觀念，因此請儘管採信我說的話。

跟領導者相處。諾貝爾獎得主丹尼爾・康納曼（Daniel Kahneman）和同事的一項研究是針對我們日常生活中不快樂的來源。[1] 他們發現，平均而言，職場的老闆是我們任挑某一天花時間相處的人當中，頭號令我們不快的人。領導者如果以為員工會期望見到他們，基本上是在自欺欺人。（身為老闆，我想從現在開始，我可能只能待在辦公室吃午餐。）大多數領導者都想成為例外，但很少能辦到。為什麼？因為大多數人都覺得被老闆管壓力很大。

大多數擔任領導職務的人，其實都不容易安然接受這項真理；但暴君卻完全擁護它。專制領導者的規訓是馬基維利的經典著作《君王論》，他在其中提出知名的建議：「恐懼與愛，一個人要是必須缺少其中之一，那麼被恐懼比被愛更保險。」[2] 這是消去法，因為人不可能又當老闆又得到愛戴，那就儘管放手去被人徹底恐懼吧。

遵循這項建議的人就是哈佛心理學教授丹尼爾・戈爾曼（Daniel Goleman），在他開創性的《哈佛商業評論》文章〈能達標的領導風格〉中，稱這是「強制型領導者」。[3] 他在研究中分析了近四千位執行長的領導風格。最受人討厭的風格是？「強制型領導」。戈爾曼寫道，強制型領導者會製造「恐怖統治，欺凌與貶低屬下主管，只要人家有一點失誤，他就放大自己的不悅」。

老天，那就是那個指揮，代稱為暴君。聽起來像很多目前政治論述中的領導者。從社交媒體到最高層級的日常政治，我們都看得到，權力階級貶低、侮辱和嘲笑地位較低的人。在這種體系下，公民、同事和反對者遭受侮辱和羞辱是慣例；吵得最大聲的人、最膽大妄為的主張，才有糖吃。

這真的是我們要的嗎？我不能自己挑指揮，是管弦樂團的管理單位決定的（這也不好說，搞不好是由撒旦本人主導），然後強迫我接受；指揮從來都不是我投票選出來的。但我們的政治人物是我們**票選**出來的，而且最近我們還**選擇**了強制型領導者。為什麼？

戈爾曼教授提供了一個解答，聽起來像我西班牙管弦樂團同事說的。想像你在一家公司上班，這家公司的領導者嚴重管理不當，把公司的生意帶往破產邊緣。你可能會歡迎強制型領導者到來，以備撼動體制。戈爾曼描繪了這樣的一位主管，有一家虧錢的食品公司找他來拯救。「他來的第一個動作，就是拆毀主管會議室。對他而言，這間會議室以及裡面的大理石長桌，看起來就像『星艦迷航記裡企業號的甲板』，象徵著讓公司癱瘓的傳統形式。」這個拆除工程，高層長官們為之喝采，因為這傳達了一條訊息，亦即必須改變造成失敗的風氣。

同理，在國家一片絕望的時期，選民想改變現狀，強調分裂的強制型政治領導者也可能會有吸引力。如果人民相信有一場未受到重視的危機，那麼強制型領導者可能就是他們想要的，這種需求至少會維持一段時間。聽起來有點熟悉？也許就像我們政治時空下所發生的事？無論你的政治觀點如何，戈爾曼的模型都能幫助你瞭解，當下這種輕蔑的風氣是如何進入我們的政治狀態。讓我們一步一步看下去。

選民的尊嚴危機

二〇一六年總統大選前十年，美國人經歷了一場一九三〇年代以來最糟糕的經濟危機，數以百萬計的人失去了他們的家、工作或兩者。大批人感到經濟復甦已拋棄了他們，華盛頓的政治階級也遺忘了他們，沒為他們提供解決方案，似乎也不在乎他們的困境。

民意調查沒有記下他們的絕望，傳統的左右派都沒有充分瞭解他們。數十年來，傳統的保守派一直在強調諸如福利改革之類的問題，這對國家的償債能力很重要，但對於擔心失去工作和福利的選民而言，他們只會感到冷漠疏離。與此同時，傳統的左派側重於貧富之間的「收入落差」，他們主張，收入不平等會觸發新的階級鬥爭，引起前所未有的政治動盪。這說對了一半；這個國家內確實存在著落差，但是最切身相關的落差不在於收入，而在於尊嚴。

透過家人、社群，以及特別是工作來創造人生價值，我們才覺得有尊嚴。這就是為何美國領導者頻頻提到工作情境中的尊嚴。正如馬丁・路德・金恩的教導：「一切振奮人心的勞動，都有尊嚴和重要性，應刻苦奮鬥，精益求精。」[4]相反的，沒有什麼比無所事事和感覺多餘（就是不被需要的感覺）更能摧毀尊嚴。

這就是隨著二〇一六年大選逼近時，上百萬美國人自覺身處的情境。前幾年的暢銷書，如查爾斯・莫瑞（Charles Murray）《分崩離析》（*Coming Apart*）、羅伯特・普特南（Robert Putnam）《階級世代：窮小孩與富小孩的機會不平等》（*Our Kids*）和傑德・凡斯（J. D. Vance）的《絕望者之歌：一個美國白人家族的悲劇與重生》（*Hillbilly Elegy*）都訴說了這樣的故事。即使經濟強勁成長，美國也已然變成在社經地位上不是贏家就是輸家的分裂國家，這種階級分裂正毒害著美國文化。由於未來充滿了從人工智慧到無人駕駛汽車這種高科技的飛速發展，一部分的人看見了創造力、機動性和進步，另一部分的人卻是聽到：「我們不再需要你了。」這就是「尊嚴的落差」。

誰會落在這種尊嚴落差弱勢的那一邊？很多人，各個種族和階級都有，但絕大部分是勞動階級男性。政治經濟學家和人口統計學家尼古拉斯・埃伯斯塔特（Nicholas Eberstadt）在他的新書《無業的男性》（*Men without Work*）中指出，自一九六五年以來，勞動年齡的無業（既沒工作也不找工作）男性比例增加了超過三倍，從百分之三點四上升到百分之十一點五。[5]而這個「無業階級」中，缺乏高中文憑的男性又超過兩倍。[6]

大蕭條後，大多數美國人經歷的緩慢復甦，使這種勞動力倒退的現象更加嚴重。人口普查局的數據顯示，在歐巴馬總統任內的大部分時期，只有約前五名的經濟體有正收入成長，而其他大多數國家則完全沒有成長。這種停滯嚴重擊垮缺乏大學學歷的中年男性，特別是農村地區。

這些人不僅退出了勞動力市場，還退出了其他社會機構。艾伯斯塔特發現，儘管無業男性沒有工作的義務，但他們比有專職工作的男性更不可能花時間擔任志工、參加宗教活動或照顧家庭成員。[7]其中幾乎有一半未婚。

沒有尊嚴的人生會產生令人震驚的結果。社交孤立和無所事事都與嚴重的病態相關，例如近年來農村地區的藥物濫用和自殺現象日益普遍。二〇一五年，普林斯頓大學的經濟學家安妮・凱斯（Anne Case）和安格斯・迪頓（Angus Deaton）在《美國國家科學院院刊》（*Proceedings of the National Academy of Sciences*）上發表了一篇傑出的論文。[8] 多數人口的壽命長期趨勢，估計都是樂觀發展；但他們發現，缺乏大學學歷的美國中年白人卻與此趨勢相反，自一九九九年以來，他們的死亡率其實已經上升，是唯一確實負發展的人口群體。主要原因？肝硬化（一九九九年以來，在這個群體中上升了百分之五十）、自殺（上升了百分之七十八）和用藥過量，主要是鴉片（上升了百分之三百二十三）。

看到這些數據你覺得驚訝嗎？根據「國立藥物濫用研究所」的數據，二〇一七年約有七萬兩千名美國人死於用藥過量。[9] 我們正處於有史以來最嚴重的用藥過量浩劫。一九七三年到一九七五年海洛因大流行時，每十萬人就有一點五人因服用鴉片類藥物致死。[10] 而到了二〇一七年，每十萬人就有十五人因服用鴉片類藥物致死。一九七〇年代，全國上下都對毒品恐慌，每個人都認識一個有毒癮的人。然而當今這種死亡人口率增加了十倍，一個知識淵博而關心他人、熱愛這個國家的人，很可能完全不認識有毒品問題的人。這更證明我們正四分五裂，一個處於危機的國家，對於這些死亡絕境和國人的尊嚴落差，實際上一片無知，怎麼可能具有領導能力？

兩個美國，對未來有兩種看法。隨著股市飆升創歷史新高，整體經濟成長穩健，尊嚴落差弱勢的一方，前景則明顯黯淡。例如，根據凱澤家庭基金會（Kaiser Family

Foundation）和CNN在二〇一六年做的一項調查，只有不到四分之一缺乏大學學歷的美國白人，期望自己孩子將來的生活水準會比現在更好，而半數則認為將來只會過得更糟。[11]根據同一項調查，一些史上處於邊緣地位的社群卻反而變得更樂觀，百分之三十六的工人階級非裔美國人和百分之四十八的工人階級拉丁裔美國人，期望自己孩子過上更好的生活。

可以肯定的是，不太要求技術和教育程度的工人階級男性，如今並不是美國唯一的弱勢群體。但不可否認，這個社群正遭受嚴重的尊嚴危機。

得到有尊嚴的待遇，本質上意味著被視為值得尊重。在某些情況下，人們會清楚意識到自己的尊嚴，例如工作上獲得讚賞或晉升時；看到孩子成功時；看到志工的努力得到回報，讓街坊變得更好時。當我們的生命為自己與他人創造價值時，就會感到有尊嚴。

簡而言之，要有尊嚴，人必須被他人需要。數以百萬計的美國人不再覺得被家人、社區、經濟體或國家需要。數以百萬計的工人階級男性就像都會貧困人口一樣遠遠落後，多年來苦苦掙扎，而當權者無視他們或輕視他們。

許多這樣的美國人過去甚至都沒投過票；另一部分人把希望押在傳統的政治人物身

上；大多數人打算選那些承諾摧毀舊規的局外人。

然後，在二〇一六年，有兩人衝上台準備那麼做：川普和桑德斯。他們是政治企業家，體認到這些選民在表達對領導者的需求，是雙方政黨都未能滿足的需求。因此，當他們決定競選時，兩人的宣傳都火紅起來，因為他們挖掘了所有被遺忘的美國人對於尊嚴的潛在需求。他們不按牌理出牌的強制型領導風格並不是什麼劣勢，還徹底改變了政治生態。

僅僅因為民主黨的初選程序不及共和黨開放，桑德斯才未能贏得民主黨的提名；而川普卻贏得了共和黨的提名。結果，二〇一六年，美國人只能在傳統民主黨的希拉蕊·柯林頓和非傳統共和黨的唐納·川普之間做抉擇。數以百萬計的人毫不猶豫迎向了承諾為他們而戰的非傳統局外人。

儘管這兩個人的性格迥異，但許多選民實際上認為他們是可以互換的。我告訴過很多人，這些選民會投票支持川普或桑德斯，而不會投給其他人，這在民主黨和共和黨兩派的人眼中可能很出格。大選當天，大約有百分之十二的民主黨初選時的桑德斯支持者，在普選中投票給川普。[12]這些桑德斯選民為川普在威斯康辛州、密西根州和賓夕法尼亞州帶來了領先差距，這三個州最終把川普送進了白宮。[13]你沒看錯，正如我寫的，川普之所以當上美國總統，就是因為桑德斯的支持者。

許多各行各業的人都投給川普，但支持他的核心人口，與埃伯斯塔特、凱斯和迪頓所指出的弱勢群體相符。出口民調顯示，在缺乏大學學位的白人男性群體中，川普擊敗希拉蕊．柯林頓**將近五十個百分點**。[14]而羅姆尼先生的非洲裔和拉丁裔男性選民支持率很有限，不足以追上川普這個數據。[15]可以說，四年前在川普勝過羅姆尼的郡，非法吸毒、酗酒和自殺率最高的地方，得票差距最大。[16]他成功刺激了長期不投票或漠不關心選舉而隨便投票的選民。這些新選民，是二〇一二年讓將近兩百二十個郡變藍（投給民主黨），但在二〇一六年大選日時投給川普的關鍵。[17]

川普贏得了這些選民，因為他看到傳統政治人物無法解決的尊嚴危機，這些選民想要一個能夠撼動體制的領導者，希望有人像戈爾曼的食品公司主管一樣，砸碎菁英們聚會用的大理石會議桌，大力實現新的政治現實。

強制型領導為什麼失敗

一場危機可以解釋商業和政治領域出現強制型領導者的原因。正如戈爾曼指出的，短期內他們可能很有吸引力，甚至多多少少很有效，要是沒有別的因素，至少在表面上，他們可以驟然終止人們認為不可接受的現狀。對於一個直接沉淪的群體而言，這可不是一場小小的勝利。但是從長遠來看，強制型領導者並不是人們想要的，因此強制型領導者的下場往往很糟，不是醜聞就是輸到難看。

即使強制型領導者發揮實際效用的時間短暫，但離開那個位置後，他們還是有辦法撐住一段時間。首先，他們在公司或國家中製造的兩極分化可以讓他們保持權力。對手陣營的政治惡霸是個可怕的傢伙；我們這邊的惡霸卻是個講真話的人。確實，我們有時甚至會把台詞一百八十度大改，說我們的惡霸實際上是**受害者**，而且他只不過是要去反擊更大的惡霸。當今的美國政治和媒體肯定就是這種情況。我經常聽到有人抱怨自己這邊的領導者和專家，只是對方陣營更糟，所以我們需要有意黑吃黑的人。

其次，強制型領導者之所以可以撐著，那是因為，要為自己挺身而出卻無法保證大眾也來支持，很少有人願意淌這樣的混水。強制型領導者就像地鐵裡發飆的醉漢，之所以能挾持整輛車，是因為沒人願意成為他暴力威脅的對象；整車乘客的目標，就是在能下車前別被他盯上就好。

這種行為的現象是有充分記錄的。在一九九九年一篇《青春期期刊》（*Journal of*

Adolescence）的著名文章中，三位心理學家問及兒童在目睹霸凌行為時的典型反應。[18] 他們錄製了操場上數百名學童的影片，記錄了將近兩百起霸凌事件。霸凌者喜歡被人看，在超過半數的案例中，除了霸凌者和受害者之外，還有兩名以上的同伴在場。同伴們怎麼反應？百分之二十一的人加入了霸凌，而百分之二十五的人為受害者挺身而出。其餘的人（百分之五十四）被動目睹整個事件，既沒有加入霸凌，也沒有為受害者挺身而出。

其三，有人就是很矛盾地被霸凌者吸引。克萊蒙特研究生大學（Claremont Graduate University）的珍・李普曼—布魯門（Jean Lipman-Blumen）教授在她的《邪惡領導者的魅力》（*The Allure of Toxic Leaders*）一書中指出，人們抱怨政治獨裁者和暴政主管，但在不確定的世界中，大家總是出於對權力基本的敬畏，以及對安全感的需求，而始終忠於暴君。[19]

有個管弦樂團的笑話可以說明這個論點。有一位中提琴樂手多年來獨獨被指揮欺負折磨。有一天，他排練完回家，發現屋子燒毀了。現場警察告訴他這是蓄意縱火，而且證據顯示罪魁禍首就是指揮本人，問他是否有任何疑問，這個樂手想了一下，輕聲問道：「指揮來過我家？」

強制型領導者可以撐上很長一段時間，但他們遲早會失敗。強制的行為破壞士氣，令人疏遠。正如心理學家珍妮佛・勒納（Jennifer Lerner）和拉莉莎・蒂登斯（Larissa Tiedens）所指出，強制型領導者表現出責備和憤怒的傾向，而且程度會以「重覆循環的模式」增強，並且「在人際關係和群體關係中尤其有害」。[20]人們彼此反目，不相信自己的同事或鄰人。這種領導者甚至會破壞那些非他們直接強制鄙視對象的信任和士氣。

想一想你所見過的任何獨裁政權，就會瞭解這個觀念。暴君會找代罪羔羊，侮辱他人，以維持權力。如果不以追隨者的身分拒絕，則表示默許。這就形成了圈內與圈外的分別，破壞了信任，激起了敵意。這無疑是當前美國政治的特徵，有六分之一的人因為政治破壞了一段人際關係，不是嗎？

除了破壞人際關係，強制型領導者也會招致平庸。戈爾曼寫道：「（強制型）領導者的極端由上對下的決策，扼殺了新想法的萌芽。」「人們感到非常不受尊重，以至於認為『我才不要提出我的想法』。」沒人告訴老闆壞消息，因為害怕被指責。任何對於企業共同利益的責任感都消失，輕蔑的風氣取而代之。「有些人變得很憤恨，採取了『我才不要幫這個混蛋』的態度。」

舉個例子：我記得在一場音樂會中，指揮看花了譜，不知已經到了哪個點上，我們整團八十五個人，沒有一個人幫他（包括我那位認為指揮是必要之惡的夥伴），大家寧願演出開天窗，也不幫那個人。我們後來還拍手叫好，這是指揮行為不良，導致自己才來兩年就被解僱的一個例子。強制型領導者會引發追隨者內心最惡劣、最自毀的特質。

強制型領導者出現會讓大家付出高昂的代價，就是殘暴、混亂和輕蔑風氣。他們可能短期內會勝出，還可能會撐上好一段時間，但大家最終會厭倦他們招來的連帶破壞。衝突不斷，使得人們精疲力盡，驅逐卓越，破壞士氣。人們不喜歡被領導者輕視或看到別人被羞辱。而且，當企業或政府內部斷絕了觀念的競爭時，長期而言可能有毀滅性的影響。

這說明了我們當下的政治情勢。目前由於兩個政黨都因分裂和輕蔑而癱瘓，在華盛頓，強制型領導者的模式似乎正在激增，這種現象也透過媒體傳播，其中許多媒體擅長畫諷刺漫畫，不是這個黨派的，就是那個黨派的。許多大學如今都要辛苦維持創校時言論自由和思想多樣性的標準。

左派的分裂主義領導者宣揚嫉妒的政治，右派的分裂主義領導者則倡導排斥的政治。隨著彼此的輕蔑加劇，大家越來越拒絕合作。他們變得如此義憤填膺，因而採取「我才不要幫這個混蛋」的態度。他們不做有建設性的政策辯論，而是想辦法藉由抨擊對方不道德與不值得參與任何文明的國家議題討論，斷絕觀念的競爭。目的不是為了幫助陷入困境的美國人，而是要摧毀對手陣營。

權威型領導者的優勢

期望國家進步的新世代領導者，能在不付出強制型領導者代價的情況下，滿足人民對尊嚴和機會的需求嗎？答案是肯定的，這又要再回到戈爾曼對於領導者的研究。具體而言，我們需要他所謂的**權威型領導力**。他分析數據後發現，要實現持久繁榮和成功，這樣的領導者特別有效。

戈爾曼認為，公司中的權威型領導者是富有遠見的人，他們為一家機構設定了路線，並激勵每個成員承擔到達最終目的地的責任。強制型領導者透過輕視和指責來鞭策他人，權威型領導者則透過鼓勵和信任來得到他人的支持。他們打造了一種風氣，這種風氣肯定了每位團隊成員對於所做工作的重要性，並以此說服個人，為組織的長遠繁榮而深深投入。權威型領導者這種激勵的方式，隨著時間累積，就會自主產生成功。

儘管權威型領導者推動的是自己的總體視野，但他們並不是**獨裁者**。他們不會壓制異議，而是賦予員工發表不同意見和靠自己解決問題的自由。權威型領導者賦予員工營運自由，促進了個人的創造力、責任心和主動性，而任何一種事業要能成功，這些都至關重要。

權威型領導者激發了組織工作的進取精神和熱情，因為他們確保任何人都不會感到被套牢或落後。藉由讓工作崗位上的每個人知道自己的角色如何幫助完成組織的使命，權威型領導者把力量交給員工，激勵他們變成有創意的問題解決者。

戈爾曼講了一家風雨飄搖的披薩連鎖店領導者的故事。儘管公司大多數管理人員都把焦點放在防止銷售額持續下滑，但這位領導者卻忙於設想新的美好前景。他定下一個簡單明瞭的願景，為客戶外送高品質、方便取得的披薩，並讓當地經理放下心防，想出如何完成這項任務的辦法。才執行幾週就成功了，管理階層開始保證外送的時間會更快，也找到適合開新分店的地點，大家對這一切都沒有負面意見。

權威型領導力不僅在商業上具有優勢，在任何環境下都適用，包括美國的公共生活。這確實正是當今美國政治體制所需要的。

如果我們目標是恢復尊嚴，那麼光砸碎一兩張會議桌，痛斥「當權派」是不夠的。我們真正需要的是，權威型領導者為我們的經濟和公共政策制定**新願景**。權威型領導者可藉著聲明恢復人性尊嚴與擴大機會這種明確目標，為人民創造空間，以新方式思考舊問題。在這種遠見的號召下，每個人都能自由找到更好的方法，不僅可以「幫助」那些被拋在後方的人，而且可以讓他們在家庭、社區和國家中都更被**需要**。

權威型領導者不是和事佬，他們不是逃避衝突的人，只是瞭解如何以非破壞性的方式管理衝突。

權威型領導者知道我們需要衝突，才能制定出最好的政策，幫助長期失業的人（數百萬美國人努力找了工作數年，後來放棄了，退出了勞動人口）再度找到有尊嚴的工作。他們知道，我們需要不同的意見，去找出最好的方式，改革社會安全網，增加就業動機，不重創那些需要援助的人或他們的家庭。他們知道，我們需要百家爭鳴的觀點，去探討如何挽救成千上萬有毒癮、對未來絕望的美國人。他們知道，我們需要不同的方法，去幫助人們提升教育程度，變得更加被需要，包括為青年人和中年人提供職業發展和技術培訓計畫的途徑。

有時，這種分歧會導致價值的衝突，但對於權威型領導者而言這也沒關係。他們的目標不是為了讓所有人都相處融洽。事實上，他們往往引發激烈的辯論，以令人不適的方式挑戰大家。最極致的權威型領導者耶穌說：「不要以為我來為世界帶來和平。我到這裡，不是帶來和平，而是帶來一把劍。」[21]他翻掉了寺廟裡匯兌商的桌子。

相比之下，權威型領導者會替他人發怒，尤其是那些沒有聲音的人；這稱為正義的憤怒，在合理範圍內是一件善良崇高的事，讓人肅然起敬。如果你覺得華盛頓的政治人物傷害窮人，或使國家利益陷入危險，那麼權威型領導者有正當理由憤怒。正義的憤怒可以刺激行動，並帶來正面的社會政治變革。曼德拉對種族隔離的不公正感到憤怒，他帶領了一場社會運動，和平結束白人的種族隔離統治，迎來多種族共享的民主。

曼德拉還與在羅本島（Robben Island）看守他的白人獄卒為友，這點出了另一個重點：權威型領導者的正義之怒不會害任何人陷入表面的黑暗。當事情被匡正，這種憤怒保證會被拋諸腦後，因為權威型領導者沒有永遠的敵人，而且有能力愛所有人。權威型領導者會憤怒，但他們仍然是好人。

正義之怒是一種慷慨的表現，為受壓迫者挺身而出是一種善良，為比自己弱小者而戰是富有同情心的。這種慷慨並非軟弱，它很難，很棘手。代表比自己弱小的人發怒，會強化身為領導者的地位。這裡要引用詹姆斯．威爾遜（James Q. Wilson）在《道德感》（*The Moral Sense*）一書中的話：「憤怒是同情和公平的必然代名詞，想讓每個人都變得既乖順又理性，這種企圖是錯誤的。」[22]

在當今政治中，我們面臨最大的威脅是否定仁慈，原因並非出於憤怒，而是出於輕蔑。正如我們所見，輕蔑破壞團結，造成永久損害。在政治上等同於使用大規模殺傷性武器。在軍備競賽中，有時感覺好像必須採用這種武器，但那是不對的。長遠來看，善良和力量是有效、有權威之領導力的正確組合，也是獲勝的最佳方式，因為從長遠來看，人們會受到為他人奮鬥的快樂戰士吸引，這是本能。

我們需要什麼樣的領導者？

在我任職的管弦樂團中，強制型領導者一個接一個來。大家討厭他們，但把他們當成應付亂套難管的藝術工作者的必要之惡。同樣的，我們聽到四面八方的美國人說不愛現狀，卻認為我們需要無情的徹底顛覆，換句話說，就是需要強制型領導；但這是不正確的，強制型領導對應而來的是苦難。要真正解決問題需要的是**權威型**領導，他的解決方案持久且能為每個人服務，相信這就是我們真正想要的。

也許你覺得我是波莉安娜（Pollyanna，意指潛意識裡偏向積極樂觀），美國人對選公眾領域的權威型領導沒興趣。也許過去幾年發生的事令你喪氣，以至於變得悲觀或絕望，並得出結論，我們政治本質的新狀態就像霍布斯所描述的那樣，除了咎由自取什麼都不剩，那我們的人生會變成怎樣：「討厭、野蠻和短暫。」

我不同意。我認為美國已準備好在政治、媒體和我自己的學術界各個層面建立統一、權威、有遠見的領導者職位。我們在本書前言中認識的霍克．紐森（「黑人的命也是命」領導者），在國家廣場的川普集會上拿起麥克風，受到川普支持群眾的擁戴，我們看到了對有遠見領導者的渴望。他點中了這些川普支持者心中對於團結的渴望，不是人人都喜歡這樣，觀眾中有人在噓他。（請記住，我們永遠不可能期望百分之百帶動起來。）但是，當他們所不贊同的人提出令人信服的願景，一個團結又充滿機會的國家，此時，當中很大一部分的人說：「哇！那真的很棒！」在網上觀看過霍克演講的五千七百萬人進一步證明了，他們渴望更好的領導者。[23]

這種迴響告訴我們一件事：權威型領導者之心令人感動，帶來我們所渴望的，超越復仇，甚至不僅僅是純粹的勝利，而是四海一家這樣有意義的連結。

如何發掘與滿足當今對於權威型領導力的渴望？我們可以回顧一下最近的歷史來尋找蛛絲馬跡。在一九五〇和六〇年代，美國在種族關係問題方面分歧很大。傳統的政治家認為，美國白人尚未準備好，或不關心非裔美國人的公民權。國會的公民權立法陷入僵局。分裂主義的強制型領導者餵養了對種族隔離的政治要求，並抵制變革。

然後是美國史上最偉大的權威型領導者馬丁・路德・金恩博士。他設想了當時許多其他領導者看不到，甚至沒想像過的願景：一個不分種族，為了所有人的尊嚴，堅持維護共通人性和權利的美國。他看到大多數白人、中產階級、都會人口，**大多數人**在內心深處都希望美國變成一個更好的國家，符合建國時的諾言。他認為，只要有一名領導者能激勵大家去做，他們就能為此努力。

金恩博士提出了團結的未來願景。他站在國家廣場上林肯像的影子下宣布：「我夢想著有一天，這個國家會崛起，並實現其信條『我們相信這些真理不證自明：人皆生而平等』的真實含義。我夢想著有一天，在喬治亞州的紅色山丘上，過去為奴者的子孫與過去蓄奴者的子孫，能夠如同兄弟一般，同坐一張桌……我夢想著，我的四個孩子有一天會生活在一個不會用膚色，而是用品行來評判他們的國家。」

他傳達的訊息是深刻團結，不僅感動了集結在國家廣場的人們，而且感動了數百萬沒參與爭取公民權的美國人，他們內心深處希望看到金恩博士的願景得以實現，因為，這會使美國成為符合本身主張價值、一個更好的國家。當然，這個國家並未在一夕之間改變。事實上，金恩博士在大部分公民權運動中都不受歡迎。[24]但是他會成為具有深遠影響力的領導者，因為他看到了（實際上是創造了）對於公民權的渴望，這是一種主流價值，人們甚至本來都不知道自己有這種渴望。他從此徹底改變了美國。

再往過去回溯，我們還記得，公眾領域的權威型領導力是美國立國的祕訣。在一七六〇年代，許多殖民者知道自己不滿意英王喬治三世，知道自己討厭茶葉稅和印花稅法，但是他們不知道自己想建立一個新國家。我的直系祖先約翰．布魯克斯於一七七六年七月四日在波士頓結婚，得知這個，我覺得很有趣。當然，完全沒有任何證據顯示他是被共和國的誕生刺激的。

在一群像喬治．華盛頓、湯瑪斯．傑佛遜和約翰．亞當斯這樣有遠見的領導者，宣稱我們可以建立一個新的國家之後，獨立運動才開始。他們提出自治的革命視野，並擔任權威型領導者，激勵男女同胞共同努力追求生命、自由和（最根本的）幸福。值得注意的是，許多開國元老如亞當斯和傑佛遜，除了需要開創一個特殊的新國家外，幾乎沒有達成任何共識。確實，正是他們之間的意見分歧之多，多到與共識一樣重要，才創造了我們當今所認識的美國價值觀。

世界上其他地區也可以找到這種用遠見來催化的例子。儘管現代歐洲存在著明顯的問題，但它還是個了不起的案例。一千五百年來，歐洲大陸不斷發生戰爭。然後，在人類史上最具破壞性的戰爭（由強制型領導者發動）的第二次世界大戰瓦礫中，一群權威型領導者設想了一種實現持久和平，與將這塊大陸團結在一起的新方法，因為他們發現且瞭解到，歐洲人對於結束衝突有潛在的渴望。他們是對的。第二次世界大戰結束的七十年以來，歐洲一直在繁榮發展，歐盟會員國之間始終未再發生戰爭。

這些例子表明，最持久、最合乎道德的勝利，是由權威型領導者推動的，而不是貶低人、脅迫和分化的領導者。當我們陷入困境時，尋求一名強制型領導者是很自然的事情，他會辨識敵人，改變現狀，並用任何必要手段去戰鬥，不管那種手段乾不乾淨。但是，如果要給自己最好的機會，既可從危機中恢復，又可建立持久繁榮的未來，那麼我們該尋求權威型領導者。

毫無疑問需要有勇敢的領導者踏上國家舞台，必須願意重新思考什麼是領導力，要願意冒險。

但是，這個解決辦法並非只從政治和文化領域的全國性人物開始，也要從我們自身開始。無論在家裡、辦公室茶水間，還是社區中，我們都可以是平凡人生中的權威型領導者，展現自己想從公眾人物身上看到的那種領導力。在日常生活中實踐權威型領導力時，會發現自己已經做好了更充分的準備，得以面對個人和國家所面臨的風暴。

第 4 章 如何去愛缺德的人？

多年來我一直抱怨人們不再相信道德真理。一個看什麼都不順眼的中年人，當然會把「現在的年輕人哪……」這種哀嘆掛在嘴邊。我的抱怨或許就是出於這種心態，不過我自己覺得，光是如此可能還不足以解釋。正如《紐約時報》專欄作家大衛．布魯克斯（David Brooks，跟我沒有親戚關係，是位朋友）所寫的：「道德曾一度有普世皆然的標準，能夠傳承，有所共通，現在卻僅限於人心各自的判斷。」他引用巴黎聖母院社會學家克里斯蒂安．史密斯（Christian Smith）的研究，史密斯曾就道德信念此一主題訪問數百位年輕人，發現對大多數受訪者而言，道德是陌生的概念。大部分人不願意針對酒駕或通姦等重大行為發表道德聲明。其中一位受訪者說：「我實在很不常評判是非。」

彷彿尼采《善惡的彼岸》大力取代了《聖經》、《古蘭經》和《薄伽梵歌》。我懂年輕人多半都認為，無人直接受害的犯行不算大罪，但一整個世代的人連酒駕、出軌這些糟事都批判不了，我們豈不是變成反烏托邦？一大群人無心無能樹立判斷是非的標準，美國還能繼續維持泱泱大國的地位？我不以為然，但願世道並非如此。

許願請謹慎，以免惡念成真。隨著二〇一六年總統大選揭開序幕，人人似乎都成了道德魔人。候選人自己就是始作俑者。眾所周知，希拉蕊．柯林頓在紐約募款餐會上譴責數百萬美國人道德淪喪：「各位清楚，挺川普的，隨便一算，半數都可歸類成我所謂一票可悲的人，對吧？種族歧視、恐同、仇外、伊斯蘭恐懼症，應有盡有。很不幸，就是有這樣的人。」與此同時，唐納．川普也在競選期間用道德話術發推特猛烈開嗆。數百則貼文，把批評反對者都貼上「壞人」、「惡魔」和「騙徒」之類的標籤。

總統候選人當然會樹立國家基調和政治論點，一旦喪失絕對的道德標準，那麼從電視到餐桌甚至到校園，都變成了道德戰場。一切都無關乎真心異議，而全怪對話的另一方欠缺基本人格涵養。如此一來，與自己意見相左的人，都不值得費心相處，輕蔑由此而生。

現在，我扮演和事佬，卻發現自己是道德相對論者。辯論時，連法國存在主義哲學家都會替我大吃一驚，我察覺自己竟然說出「別太快提出**自己的**對錯評判是唯一能看清事情的方式」這種話。

你看得出來，我陷入了一點麻煩。我一直相信道德真理存在，也許不會百分之百看得透澈，所覺察的也不見得都是對的，但我認為自己的觀點多少反映出道德真理，不然最起碼也朝向了那樣的目標。我同時也希望美國人接納信念與自己相左的人，這才是多元和諧的社會。但是，如果對立的觀點有著堅實的道德真理基礎，不就有一方必然不道德嗎？特別是在真正有爭議的問題上？

怎能與我認為不道德的人往來，更別提去愛？究竟還有沒有道德真理？

公平觀念起於天性

二〇〇七年我認識了強納森・海德（Jonathan Heidt）。當時我在雪城大學教公共行政，而他是維吉尼亞大學的社會心理學家。我剛寫了一本關於幸福的書，並在美國企業研究院（AEI，American Enterprise Institute）舉辦相關主題的會議，我是這裡的客座學者（後來變成院長）。強納森幾年前寫了一本名為《象與騎象人》（*The Happiness*

Hypothesis）的書，我讀了之後很喜歡，邀請他來參加這場小會議，兩人一拍即合。後來強納森告訴我，出席那場會議讓他很緊張。為何如此？因為AEI以一群保守派聞名，而他打從內心自認是改革派，不知道會受到怎樣的待遇，不過後來卻很驚喜，這場活動根本沒有任何意識形態氛圍，也沒人在意他是不是自由派。

互動交流發生於強納森職涯的關鍵時期。到AEI談幸福時，他的新研究正著眼於所謂的「道德根基論」，專門論述保守派和自由派的道德觀念差異。海德發現，某些道德觀念深深根植於我們內心，而且「心理學的一切觀念中最糟的，就是認為人類出生時心智全然空白。」＊他的研究顯示，我們其實與生俱有一定的道德根基，以便讓自己學習一定的是非觀念，而且這些觀念難以撼動。

根據針對成千上萬人的調查數據，海德發現，事實上，各個種族文化的人類都具備五種固有的道德觀，他稱之為「五種道德根基」。[1]分別是：（1）公平（2）關懷（3）尊重權威（4）忠於所屬群體（5）純潔或聖潔。（後來他還加一項：自由。）海德的研究顯示，這五種道德根基的前兩項（公平和關懷）是普世價值。除了反社會人格者之外，幾乎每個人，無論保守派或自由派、年齡層、有沒有宗教信仰，都相信應要公平對待他人且具有同理心。

到底是先天具備還是後天習得？千年來人們一直對此有爭議。關於後者，我最喜歡奧古斯丁西元三七九年所著經典《懺悔錄》的論點。可以說，他不相信嬰兒善良和有道德感：「沒人是無罪的……甚至連降生人世才一天的嬰兒都不是。」[2]這批判很嚴苛。奧古斯丁懺悔自己嬰兒時期做的壞事：「那麼，我那個年紀時犯了什麼罪？敢情是為了貪吃奶而哭鬧？要是我現在行為如此，理當有罪，當然不是貪吃奶，而是貪吃適合目前這個年紀的食物，我該引來訕笑，被斥責一番。我之前的行為也該被斥責。」結論是：「嬰兒無辜的特質只在於外型柔弱；但他們的心思絕非純潔。」奧古斯丁與斯波克博士

---

*我的導師，智識偶像，社會學家詹姆斯．Q．威爾森（James Q. Wilson，生涯多半在哈佛大學和加州大學洛杉磯分校任教）認為，下道德判斷是人之常情。在一九九三年出版的《道德意識》（*The Moral Sense*）一書中，他認為，道德並非基於人類學，也不會因文化差異而有所調整。我們每個人都天性帶著聖潔心靈和既有的是非感降生在這個世界。他解釋：「道德感非天生的觀點，」始於「哲學家認為人類心靈是『一塊白板』（tabula rasa），」而且「包括道德在內的一切，都必須靠後天習得。」但威爾森指出，現代科學顯示「兒童『有道德本能』。」新生兒可以表達快樂、悲傷、驚奇、感興趣、厭惡、憤怒和恐懼，兒童出生後的幾年內，「就懂得分享玩具、助人，安慰其他處於困境的對象。」他們也天生具有公平意識。「兒童脫口而出的第一句道德評判用語就是『不公平』！」威爾遜指出，身為成人，「多數時候，我們對於公平競爭的傾向，或對於他人困境的同情，都是立即且出於本能，屬於發自情感的反射動作，而更甚於憑理智決定的行為；在確實經過深思熟慮的情況下（像是內心幾經交戰後，還是決定要公平競爭，或遇到特定情境時責任感使然），之所以如此深思熟慮，並非先從懂得哲學思考而起（更不可能是為了替哲學思考背書才這麼做），而是從感同身受開始，總而言之，是從道德感出發。

（Dr. Spock）的心態天差地別。

現代學者比奧古斯丁更寬容些，他們發現，表現公正、同理他人，都是我們自幼具備的本能。容我先談公正。二〇一一年的一項研究中，瑞典烏普薩拉大學（Uppsala University）的研究員讓幼兒拿奇數個獎品分給兩隻木偶，一隻木偶會幫忙第三隻木偶，另一隻木偶則不幫忙。[3] 幼兒會習慣性給肯幫忙的木偶多一點獎品，這解釋了幼兒會根據每隻木偶的行為來公平打賞。

我們不僅偏好行事公平，也會主動排斥對於公平原則的違反。多倫多大學心理學家發現，當我們抱持考試作弊的念頭時，即使沒有被逮到的風險，還是會產生具體的生理負面反應。在一項測試大學生的實驗中，明確告知受測者，作弊並不會受罰，可自行決定是否要作弊，結果他們心跳加快、呼吸短促、掌心出汗。[4] 換句話說，連人體都會排斥不公平的行為。

看來支持公平的觀念起碼屬於天性。這自然凸顯出一個問題：什麼算公平？事情到此就變複雜了。

道德觀共通，表達方式卻不同

我們天生注定認同公平這樣的道德觀，表達共通道德觀的方式卻有兩種。第一種表達方式可謂「重分配式公平」，認為根據需求而依比例重分配獎賞是謂公平。競爭的局面往往已預受操控，一開始就不公平，因此財富必須重分配。第二種表達方式可謂「功績派式公平」，認為自始至終論功行賞是謂公平。賺多少只能拿多少，沒有白吃的午餐，不該拿走別人賺的。前者的論點是，孩子人生的起跑點取決於父母的財力，而增進平等就是公平，這是矯正先天競爭條件的不公平；後者的論點是，強加的平等，本質上就不公平，因為竊取某方的勞動成果去使另一方受益，挖東牆補西牆。

我們多多少少都認同這兩種形式的公平，但在政治意識形態方面，比重各不相同。自由派傾向強調重分配式公平，而保守派比較強調功績派式公平。不過，我還從沒遇過任何不把功績當一回事的左派人士，而即使最自由派的思想家也認同該有某種程度的重分配。知名保守自由派經濟學家弗里德里希．海耶克（Friedrich Hayek），在《到奴役之路》（*The Road to Serfdom*）中寫下一段開創性的自由市場論點：「我們生活的這個社會，財富已普遍達到一定水準，沒道理……不保障全體的安全……毫無疑問，每個人都應獲得……最起碼在食、衣、住方面的保障……國家也沒道理不協助一般人防備有害生命的常見危險，這些危險充滿不確定性，少見一般人能夠充分防備的。」[5]

換句話說，如果屬於左派，很可能會強調重分配，但一樣認同論功行賞。如果屬於右派，很可能會強調論功行賞，但一樣認同重分配。這就是我們天生的人性，道德觀共通，表達方式卻不同。

另一項只要是心理健康的人都共通的價值觀「同理心」也是如此。海德的研究顯示，各種不同政治立場的人，都傾向重視照顧需要幫助的人，也不樂見弱者遭到傷害。他說：「我們天生發達的神經和荷爾蒙，使我們與他人密切連結，能關懷、同理他人，尤其是弱者和弱勢群體。」「也使我們對傷害（他們）的人強烈反感。」

與公平一樣，左右兩派的人也傾向以不同表達方式來凸顯同理心。自由派藉著為弱者供應食宿和醫療保健等人類基本需求，傳達對弱者的同理心。保守派則相對傾向推動職業訓練、補貼工資和就業福利，將同理心化為助人達成自助。（當然，無論自由派還是保守派，真正落實本身的政策理念與否，又是另一回事。）

儘管強調的重點有這種差異，但大多數保守派也認同，應向貧困者直接伸出援手，而大多數自由派也認同，人該自立自強。雷根在擔任加州州長的就職演說中表示：「我們會義無反顧幫助老人、身心障礙者和無辜遭逢不幸的人。」[6]歐巴馬在二〇一二年向「全國城市聯盟」（National Urban League）致詞時表示，弱勢社群的年輕人必須停止遊手好閒，該動起來做功課，因為「美國這個國家意味著：『我們會給你們機會，但你們自己必須爭氣。』」[7]

民調顯示，大部分人不分左右派都同意雷根總統和歐巴馬總統的觀點。二〇一六年美國國家選舉研究中心（American National Election Studies）發現，只有百分之十九的勞工（以及百分之十一的非勞工）支持削減「對貧困者的援助」。[8]同時，政府問責基金會（The Foundation for Government Accountability）於二〇一八年進行的一項調查，詢問美國人是否支持「身心健全的成年人必須上班、受訓，或最起碼兼任志工才能享受福利？」百分之九十七的共和黨人士與百分之八十二的民主黨人士同意。[9]多數人還支持必須工作才能領食物券（共和黨百分之九十五；民主黨百分之七十一）、聯邦醫療保險（共和黨百分之九十；民主黨百分之五十九）和申請公共住宅（共和黨百分之九十三；民主黨百分之六十八）。對於必須工作的支持度，民主黨人士比共和黨人士低，但到目前為止，大多數人仍然抱持這樣的觀點。

總而言之，幾乎所有人都天生相信同理心與公平這樣的道德方針。左右兩派的人道德觀共通，只是以不同方式表達，側重於不同面向，但彼此都認同核心的價值。這個發現所指涉的意義至關重要，而且再清楚不過了：幾乎所有與我們意見相左的人，往往都並非如我們以為的不道德，只是以不同方式表達這種道德觀。

對手真的不道德嗎？

到目前為止，對於想找出左右派之間共同點的人而言，這是個好消息。然而這一點卻相當複雜。海德發現的其他三種道德觀特質：尊重權威、忠於所屬族群，以及純潔或聖潔，是保守派和自由派大相徑庭之處。保守派對這些價值觀高度重視，但對大多數自由派而言，這些都不是優先考量。

舉幾個例子會更清楚。一九九三年，柯林頓政府執政的第一個禮拜，陸軍中將巴瑞・R・麥卡佛里（Barry R. McCaffrey）訪白宮，後來引發了一場論戰。他從西南門出來時，有位白宮的年輕女助理正要進去。《華盛頓郵報》是這樣報導的：「麥卡佛里道了聲『早安』，而他回想起這位女士的反應，她說：『我不想理軍人。』接著怒步走開。」[10]

我記得自由派們聳聳肩，不認為茲事體大，也許被這位年輕女士惹惱了點，倒也不至於為此心煩。但保守派卻為之震怒，還大肆渲染成左派就是特別不尊重軍方。麥卡佛里（後來被柯林頓任命為參謀長聯席會議的高級職位）說，這沒顧慮到總統會尷尬，他當年可逃避了越戰兵役。這件事刺中要害，因為現實中保守派就是比自由派更在意尊重權威。

忠於所屬族群也是如此。二〇〇八年總統大選期間爆發了一場論戰，原因是歐巴馬並未像二〇〇一年九一一恐怖攻擊後的大多數候選人那樣，在西裝領上佩戴國旗胸針。歐巴馬早先受訪時曾說，伊拉克戰爭過後，他不再把胸針別在西裝領上，他說：「我決定胸前不再配戴這個別針，改而告訴美國人民，我的信念會使這個國家偉大，期許那就是我愛國情操的見證。」[11]這點燃了右派的怒火，甚至還出現為了歸咎歐巴馬不愛國而捏造他說的話。有個選民在總統政見辯論會上問歐巴馬：「我想知道，你是否認同美國國旗。不是質疑你的愛國情操，但全體軍警消都配戴著這個國旗。我想知道，你為何不這麼做。」[12]

對多數自由派而言，歐巴馬的決定看來無傷大雅，但在某些保守派眼中，這就是不愛國。這件事會發燒，是因為正中了某種刻板印象。根據海德的研究，這種刻板印象根植於一個現實狀態：對意識形態偏左的人而言，忠於所屬群體，包含愛國情操在內，不如對偏右的人重要。我記得發生這場爭議時，有位自由派的同事搖搖頭，難以置信有人會在乎這種枝微末節；而保守派的朋友則很訝異，自由派居然不認為這是個問題。

這並不表示自由派不愛自己的國家，他們當然愛國。但與保守派相比，他們比較不重視公然表現愛國情操。以最近唱國歌時下跪的NFL球員爭議為例，二〇一七年的一項民意調查發現，百分之八十七的保守派認同「唱國歌時，NFL球員應起立表示敬意」的主張，而只有百分之三十三的自由派認同；百分之六十八的保守派還表示，反對這項主張的抗議，會降低他們看足球的意願，而只有百分之十二的自由派表示會如此。[13]

我常為國會議員舉辦交流研討會。有次我在會議上說明這一點時，問了一位相當保守南方行政區的共和黨議員：「如果我說『燒國旗』，你腦中立刻冒出來的第一印象是什麼？」他毫不猶豫回答：「叛國。」幾星期後，我與一位政治傾向偏左的熟人談天，問了他同樣的問題：「如果我說『燒國旗』，你腦中立刻冒出來的第一印象是什麼？」他回答：「不妥。」

保守派所重視的個人純潔道德高標，也與自由派不同，尤其是在性觀念方面。大多數福音派基督徒都不信婚前性行為。最近的一項民意調查發現，十八至二十九歲每週上教會的未婚福音派教徒中，百分之六十三從未發生過性行為，百分之六十五的人嚴守婚前戒欲。[14]相對之下，大多數左派都無法理解，為何有人會認為婚前性行為是犯下道德錯誤。根據二〇〇三年一項蓋洛普民意調查，百分之八十的自由派認為婚前性行為在道德上是可以接受的，而中立派為百分之六十四，保守派則為百分之四十二。[15]海德舉了保險桿貼紙上常見的標語為例來說明這項差異：「你的身體或許是座神殿。但我的身體是座遊樂園。」問問自己，開那輛車的人是自由派還是保守派？我想這個問題本身就差不多透露了答案。

這一切在保守派眼中，往往意味著自由派的道德水準不如他們高，但科學顯示，事實並非如此。自由派的道德水準並非比較低，只是道德根基比較少。根據海德的研究，「自由派的道德觀有點像兩種管道或兩種根基式的」，而「保守派的道德觀比較像……五種管道式的」。我們所有人，無論在政治光譜上的位置，都關心社會道德，以公平和同理心對待他人。相對之下，保守派政治人物常強調的個人道德觀如性純潔、尊重權威和忠於所屬群體，只有在一部分人群中才會深深引起共鳴。

關於忠誠、權威和純潔，保守派來自火星，自由派來自金星，或保守派金星，自由派火星；我搞不清楚火星金星，只知道是不同的星球。

我們對於道德觀的想像開始聚焦。在同理心和公平方面，大多數人都能投以這樣的道德意識。至於權威、忠誠和純潔方面，無法從自由派中找到，只剩保守派有這樣的意識。

還有一個領域有待探討，從道德上看，幾乎每個人都不合格，就是金錢。在我身處的智庫界和學術界，尤其是像我這樣的經濟學家，又尤其是保守派經濟學家，這件事挺滑稽的。講得彷彿金錢本身具有道德顯明性，但它並沒有。

我的意思並非人們不在乎金錢；當然大家都在乎。人會為財互相殘殺，也甘冒失去自由的風險。但銀行搶匪從未說過：「我是因為有原則才去搶銀行的。」他是因為想要錢。我從沒看著銀行戶頭的數字而心生感動，除了過去當音樂家的那段日子，顯然我賺的根本付不起房租。

不幸的是，我所處業界的人經常忘記這一點。舉最低工資的爭議為例。保守派認為，提高最低工資是不利實現有價值目標的手段，這個有價值目標就是衝高低收入美國人的收入。這是因為，調漲最低工資會刻意拉抬低技能勞工的雇用成本，許多經濟學家認為，這會破壞最急需就業者的機會。

抵制調漲最低工資時，保守派經常提出這樣的論點：「提高最低工資是錯的，因為會增加人力成本。如果雇用成本增加，企業就會削減人力來應對。公司只有在增加邊際勞工可以產生淨收入的情況下，才會創造就業機會。因此，如果提高最低工資，就表示拉抬廉價勞動力，造成有行無市。」

相對之下，追求進步者常說：「沒人能靠時薪八美元過日子和養家。你們以為，時薪多個幾美元，擁有沃爾瑪的億萬富翁會付不起？他們當然付得起。」誰贏了這場辯論？進步派。因為進步派提出了公平同理心論，喚起道德的普世價值，而保守派提出了金錢論，毫無道德顯明性。

保守派反對最低工資的正確論點是，捍衛時時準備面對失業之貧困者的福利和尊嚴。「當政策會消滅弱勢美國人的工作機會時，我們不能袖手旁觀。」這樣就是基於公平和同理心。然後，他們必須提出替代政策幫助在職的窮困者，例如擴大工資補貼，像是「勞動所得稅扣抵制」（Earned Income Tax Credit），這種措施不會消滅工作機會，反而會創造工作獎勵。

重點是，如果要論金錢，那就是在打一場注定失敗的道德算計戰。為了錢而開始談錢時，就已經淘空了自己提出道德論證的能力。道德論每一次都戰勝經濟論，因為無論我們是自由派還是保守派，都是有道德感的生靈，注定重視同理心和公平。

當你要提出論點時，請自問：我想吸引的對象是多數人、少數人，還是不打算吸引任何人（也許除了少數保守經濟學家以外）？

我要強調三個道德學的主要教訓，以便呈現蔑視文化，把大家凝聚起來。

1. 你的論點要鎖定我們共通的道德觀「同理心」和「公平」，而不是只有一小部分人所抱持的道德觀。

如果你支持槍枝法要更嚴格，不是去攻擊在意槍枝大於在意兒童的人，而是提出道德論點：對兒童而言，上學沒有安全感，這並不公平。如果你反對限制美國憲法第二修正案的權利，不是抨擊不在意憲法的異議分子，而是應訴諸四海皆準的道德觀：解除弱勢群體的武裝，害他們無法自衛，這並不公平。

這不僅僅是贏得辯論。當我們接觸不同意見的人時，可藉由提醒他們，雙方都同意，大家都想為同理心和公平而努力，把對特定問題可能從未達成共識的人團結起來。著重在能讓我們齊心一力的事，也就是共同價值觀，而非只著重各自對共同價值觀的表達方式。當我們從共同價值觀本身出發時，就建立了共同的道德根基，使我們能本著互相尊重的精神，討論表達這些價值觀最有效的方法。即使沒有達成協議，也可以避免輕蔑。

還有另一種從我朋友，暢銷作家賽門・西奈克（Simon Sinek）身上學到的思考方式。每個論點都有「動機」與「方法」。我們有道德目標（動機），有實現這些目標的政策（方法）。如果想成為團結大家、高說服力的領導者，就從這麼說開始：「我的動機跟你的相同，但我的方法跟你的不同。而且我認為，要實踐你的動機，我的方法更有效。關於道德，我跟你相同，就是同理心和公平。我並非否定你表達同理心和公平的方式，只是認為，我有更好的方法可以實踐雙方在這方面的共同目標。」好吧！也許你不會一字一句原封不動照搬，因為你不是個吊書袋的社會學家，反正你明白我的意思。

為什麼這種區別很重要？人都在意自己的方法，但通常不願意為此犧牲人際關係，而總是銘記動機。人怎麼看待自己的道德樣貌，對於界定自己身而為人至關重要。攻擊這一點就等於告訴對方：「你是壞人。」你會因此遭遇毀滅性的大反撲。

我們來看一些更實際的例子。如果你是自由派，想說服保守派多多支持重分配，那麼請不要從攻擊就業福利保障的觀點來下手。請先從認可雙方的共同價值觀開始：我們全都認同，人人辛苦工作了一天後，都該能養活自己和一個家。然後，你可以說明為什麼這需要更直接的輔助措施，例如安親托兒、負擔得起的住房，以及帶薪家庭照顧假。

如果你是保守派，想說服自由派多多支持就業福利保障，那麼請不要從攻擊重分配來下手。請先從認可社會安全制度和共同的用心之處開始：確保我們能照顧到確實照顧不了自己的人。然後，你可以申論，我們希望人人都能享受自己賺取成功所帶來的意義。如果用這種方法，就是向對話那一方的自由派傳達一個訊息：「我不是要挑戰你的道德觀。我們有共同的動機，但對於實踐共同動機最好的方法，我們看法不同。」對方會認為：好吧，他不是在攻擊我或我的道德觀核心，那我可以聽聽看，然後回答：「當然，我喜歡有工作的人，因為對一個人而言，有工作顯然比無所事事就能領支票好。」

2. 小心政界和媒體界中善於操弄意見的領袖，他們會用道德維度來批判異議者，挑起雙方分裂和煽動輕蔑。

我們常聽到，保守派領袖會引用權威、忠誠和純潔的論據，證明自由派是沒道德又不愛國的墮落者，因為他們不重視這些價值。自由派領袖會回罵保守派是某種美國塔利班，因為他們實在太重視這些價值。想促成團結的領導人，不會自欺欺人認為這些道德維度無關緊要，或差異不存在；但如果我們的目標是進步，那麼強調這些道德維度是不會有成果的。

這就像企圖改變別人偏好的口味。我和妻子喜歡的食物多半相同，但也不是完全一樣。像我愛香菜，但她不喜歡。才一小口香菜，她感覺就像在吃肥皂似的。事實上，這不僅僅是個人口味偏好，有證據顯示，這跟某種遺傳特質有關，有點像道德觀！多半晚上我在家時，我們會一起吃晚餐，就像一般家人那樣共享菜餚。我們不會花時間去吵香菜是美味還是像肥皂這種事，因為沒意義。就別在共享的菜餚中放香菜就好。

與大部分人討論道德觀時，要像我家晚餐這樣處理香菜一樣。假設你強烈認為NFL球員應該起立唱國歌；你姑姑不同意，她認為球員下跪抗議不是什麼大醜事，沒什麼好為此動氣的。她認為球員的言論自由權比國家象徵更重要。你可以整頓感恩節晚餐一直跟她吵這是多麼大條的一件事：美國人為國旗獻出了生命，我們應該尊敬他們的犧牲。但你真正的論點其實在於權威和忠誠，有關這種道德維度，你的態度就是不同。要靠爭執而強迫她改變想法是不會成功的，就像如果我以為把一定量的香菜塞入妻子口中，就可以強迫她開始愛上香菜一樣。

對話時，就服從、愛國情操和愉悅等話題，如果仰賴的道德準則不同時，應該謹言慎行。甚至看到政客批評對方陣營時，我們也該格外留心。他們是否在利用彼此不同的道德根基把蔑視對方正當化？如果是這樣，我們對意見相左的美國同胞有欠公允，應該明辨這種說詞並拒用。

3. 道德觀不同不是人性的系統錯誤，而是可以讓我們變堅強的特質。

我們顯然無法避免道德觀的歧異。無論你願不願意，有時菜裡就是加了一些香菜，有時會跟別人吵不同的道德觀。在這種情況下，想團結大家的領袖要做什麼？讚揚和擁護多元的意識形態！實際上，優秀的領導者應該刻意跨出自己意識形態圈，與國內道德光譜上不同位置的人互動。

這不容易辦到。即使在崇尚多元的時代，大多數人還是會想盡辦法迴避道德觀不同的人。確實，相較於種族背景不同，我們還寧願多多迴避道德觀不同的人。海德與同事在一項針對大學生的研究中發現，「在兄弟會的入會條件中，他們很樂意接納與自己族群屬性不同的申請者，但篩掉了強烈道德觀或政治理念與他們不同的對象，不分族群背景還是個人。」他還發現，在挑選學伴時，大部分大學生並不在意種族差異，「但若這個對象的政治／道德觀不同，通常就會失去吸引力。」[16]海德的報告與最近的研究一致，後者顯示，在當今美國，人我界線最為分明的並非種族、宗教或經濟地位，而是黨派歸屬。[17]事實上，史丹佛大學和普林斯頓大學的學者發現，現在美國人的黨性強烈，對於不同黨派者的歧視比種族歧視還嚴重。[18]

這不令人意外。人類天性就喜歡往已知會舒適和受歡迎的地方去。如果你是福音派基督徒，跟別的福音派基督徒相處最舒服，他們會欣賞你，價值觀也共通；如果你是世俗人文主義者，可能比較願意與無神論者和不可知論者往來。但如果我們想要凝聚更多人，減少輕蔑，就必須走出自己的舒適圈，到不歡迎我們的地方，花時間與意見歧異的人交流互動，不是討論如運動美食這樣軟性的話題，而是難度很高的道德議題。

瞭解他人的道德根基，除了能減少輕蔑之外，還有另一個好處：讓生活變得更有趣。一想到別人的政治觀點或他們的私人生活，就有威脅感或覺得噁心，實在不是那麼令人愉快。但讓自己處於不同思維的環境，甚至去接觸與你本身完全對立的道德觀或道德表達方式，心情上會比較好調適。

舉個例：身為羅馬天主教徒，我有很深的宗教信仰，它確實是我人生的核心，我熱愛它。但我也花了很多時間與不同宗教信仰，以及很多根本無宗教信仰的人相處。我有很多朋友是無神論者，我也瞭解、尊重他們的信念。這使我在順應文化的過程中活得更幸福快樂，也更容易帶領有數百名員工的機構。

幾年前，在聖誕節前幾週，我開車從紐澤西到紐約，看到路邊有個廣告看板，上面畫了三位智者前往馬廄的剪影，他們頭上有閃耀的星星。我心想，這是一幅平靜安詳的聖誕影像，結果卻看到下面的字眼：「你明白這是個迷思。這個時節，該慶祝的是理性！」原來這廣告看板是美國無神論者協會（American Atheists）出資刊登的。

我怎麼反應？放聲大笑。也許這個廣告看板是為了震撼我，甚至侮辱我。但我卻覺得很有趣，沒發怒。無神論者的廣告看板並不會動搖我的天主教信仰，也肯定不會讓我對無神論者朋友反感。我接觸他們的觀點很多年了，正是我現在一想起來還是會大笑的原因。與道德觀不同的人往來，帶給我不感到被冒犯的力量，即便別人還是想冒犯我。

*

我們已明白，意見與我們相左的人不一定沒道德。大部分情況下，他們只是道德根基不同。瞭解這一點，可幫助我們避免對僅僅是基於誠實合理的分歧所發生的事，發表決絕的意見，從而減少對彼此的輕蔑。

挑戰別人的道德根基可能徒勞無功，在政治辯論會上肯定不會成功。但我確實想提出一個論點：你可以想像改變某個人的價值觀，那個人就是你。我們有天性的道德傾向，但也有自由意志。無論我們會遭逢什麼感受，總是有能力選擇信念。每個人先天的處境，不代表後天也必須如此選擇。雖然別人不太可能改變我們的道德觀，但我們可以選擇自己的展望和意識形態，尤其是能合理斷定別人的價值觀很有意義時。

我相信這點，因為我本身就是個實證。我的天性屬於自由派，就是沒有尊崇權威、忠誠或純潔的本能。但經過深思熟慮，我決定支持保守意義的個人純潔觀，我認為這更有益於自己、親人和社會。同理，忠於國家和尊重權威，我也認為比較有益，儘管對我來說並不是很自然。我天生就是重分配派，但經過多年研究經濟學，我開始相信，要幫助窮人，自由企業還是最有效的方法。（但我仍然堅決支持政府的社會安全網。）

我的妻子艾絲特是另一個例子。她來自西班牙，而且是超級典型的西班牙人。她有西班牙人的多愁善感，對各種事情的反應也很西班牙風格。儘管如此，她仍然認為，大部分的美國風格生活方式還是比較好。她認為，美國人偏向將成功歸於努力工作和負起個人責任，優於歐洲人傾向認為成功是人生賽局早已預先被操控。她違背自己歐洲人的文化天性，反而有意識去擁護美國風格的道德展望。

這很難，但你也可以辦到。你可能天生就具備保守的五管道式道德根基，但這並不表示非要當個保守派不可，如果你能夠憑才智判斷還有其他選擇的話。請深思熟慮，傾聽另一派的聲音，反思別人所言，然後自問什麼才是正確？不是只憑感覺，而是憑理性思考。我們不是奴隸，不會被自己天生內建的道德觀綑綁住而束手無策。著名的腦科學家蓋瑞．馬庫斯（Gary Marcus）在《心靈的誕生》（*The Birth of the Mind*）一書中寫道：「『內建』並非意味著無法調整，而是意味著先整理好才去經驗。」談及塑造我們的道德展望時，馬庫斯說：「天性寫下初稿，接下來經驗會修稿。」[19]

我們每個人都能決定怎麼草擬自己道德思維的下一章。我們應該不斷評估自己對道德觀的特定表達方式是否正確，更別提，合理表達這些價值觀的方式不會僅限一種。要這麼做，必須有所謙虛體認，沒有人可獨斷自己才是真理。左派偏好重分配；右派偏好論功行賞。但如果我們社會是完全重分配制，那就變成蘇聯；如果我們的社會完全論功行賞，有數百萬人會沒飯吃。兩種制度之間會有最佳交集，我們應該一起去找到。

我們很多人就像路加福音中的法利賽人，他是這樣祈禱的：「神啊，我感謝你，我不像別人勒索、不義、姦淫，也不像這個稅吏。」[20]但我們應該更像路加福音中的這位稅吏，他「連舉目望天也不敢，只捶著胸說：『神啊，開恩可憐我這個罪人！』」

第5章
身分認同的力量與危險

以下分別用一句話表達四個人在人口統計意義上的身分背景。當你讀這四句描述時，對其他資訊一概不知，請想像一下這四個人的模樣，並自問對於他們有什麼感覺。

1. 講西班牙語的女性移民，生長於獨裁統治下的窮困環境，青年時期來到美國，從事領最低薪資的工作。
2. 出身上流中產階級家庭的政治保守派年輕男性，就讀於常春藤聯盟的大學。
3. 愛達荷州鄉村的農民，每天開著聯合收割機，休閒活動是打獵和釣魚。
4. 中國小村莊出生的孤兒女孩，後來克服了在美國生活的種種困難。

這些身分背景可能馬上就激起你內心的反應，尤其當前美國政治正處於十分兩極化的狀態。除了這幾句短短的描述，這幾個人你一無所知，也許對其中一兩位有好感，對另外幾位卻無感，甚至有敵意。如果問你這四人的共通點，你可能會答：「幾乎沒共通點。」這很正常。人口統計的身分背景與根據經驗的「品牌辨識」（自己或他人針對特定族群或出自於刻板印象的識別方式）已變得極普遍。這可真進步，是嗎？

有則笑話：「有三種族群的人，你一遇見對方，十秒內就認得出來：哈佛大學畢業生、前海軍陸戰隊員或純素食主義者。」這些身分表徵太明顯，幾乎無法不脫口而出。這種現象也越來越適用於所有其他的族群。憑著人口統計的表徵和選擇性的人生經驗，人人得以塑造自己的「品牌辨識」，以便在充滿無名小卒的社會中與人迅速建立連結，而這種社會形態卻可能很冷漠孤寂。身分辨識或可替大學帶來離家千萬里的新生，替勞動市場帶來二十幾歲的生力軍，為我們任何一個人提供通往社區歸屬感的捷徑；也是我們分辨敵友的方式。我們用人口統計的身分表徵決定他人是否值得結識。

這種確立身分的工具成效卓著，也改變了我們社會生活的基本面。以前我還單身時，要認識新對象，一開始都得靠約出來喝咖啡或吃飯。我們有共同的價值觀嗎？世界觀相同嗎？想得到這些答案，兩人得花上幾小時和一些錢。時至今日，很多這樣的往來成本已經消除了。在社交媒體上，我們可以憑一句話辨識身分，分出可能成為伴侶的對象，以此為基礎再淘汰所有不相配的人。同理，也可以根據能辨識身分的照片和幾句話來規劃想跟誰交朋友。

這是進步，對嗎？

去除人性面的種族身分

理查．拉皮耶（Richard LaPiere）想瞭解對華裔的種族歧視。

二十世紀初，歧視華裔是美國一大社會問題。華人自從十九世紀淘金熱時以移民工的身分來到美國，便遭遇了偏見和排擠。人們嘲笑他們是「苦力」，戲弄他們奇怪的長相、穿著、飲食和語言。威廉．藍道夫．赫茲（William Randolph Hearst）發行的報紙讓「黃禍」一詞流行開來，形容華裔移民成群入侵的危險，好萊塢就利用這種恐懼，大賣一系列有華裔超級反派「傅滿州博士」這個凶惡角色的電影。全國各地城鎮都對華人採取歧視性措施，美國國會制定了限制華裔移民的法律。大蕭條的到來使這樣的種族緊張局勢惡化。到了一九三〇年代，對華人的歧視已根深蒂固、合法且四處可見。

理查．拉皮耶是史丹佛大學的社會學教授，決心找出這種歧視的根源和消除這種歧視的方法，讓不同族裔和諧共處。

拉皮耶注意到很多人在研究調查中表現出歧視的態度，但這還僅止於推論。一九三〇年代多數美國人都住在同質性的社區，很少接觸不同種族。他想瞭解這些人如果實際遇到華人，行為是否符合在研究調查中表現的態度。他指出，種族歧視這種事，在現實情境中多少都比推論的更為彰顯。

拉皮耶對於人性相當樂觀，他認為人們或許願意承認心態帶有種族歧視，但現實生活中卻不會那麼做。例如，他寫道，如果去問幾百個人，他們搭電車時願不願意讓座給受排擠族裔的婦女，很多人可能會答不願意。拉皮耶指出，問題在於，推論中的婦女與「血肉之軀的婦女」並不同，受訪者的「口頭反應……並不涉及從座位起身，或裝作若無其事，迴避這位假想中婦女難過的眼神，以及電車上其他乘客不屑的目光。」他假設，在活生生的真人面前，大多數人的實際行為可能與告訴研究人員的不同。

這與時下大家往往設想的情況相反。通常我們都以為，人們真實面對異己時會宣揚無種族歧視的理念，也聲稱擁護多元化，卻往往幽微地洩漏自己的偏見。

哪一種比較接近美國人真實的情況？拉皮耶想出了一種巧妙的方法來判斷答案。他招募一位年輕華裔大學生與他的華裔妻子來幫忙。他寫道：「兩人都風度翩翩，富有魅力，只要有緣與人交心，馬上就會贏得對方的欽佩和尊重。」雖然兩人的英文都很流利，但畢竟「是海外出生的華人，這是無法掩蓋的事實。」兩人來到他形容為「某個小鎮最好的飯店，這個小鎮以對東方人狹隘與偏見的『態度』聞名」，他們踏入飯店，打算入住。他寫道，當這對華人夫婦走到櫃台時，飯店人員「毫不猶豫接待了我們」。

後來拉皮耶打電話到同一間飯店，問他們願不願意接待一位華裔男性貴賓。「他們很明確回答『不願接待』。」

這當然是刻意挑起的，但從任何學術角度來看都不算證明，因為只是單一個案。因此，拉皮耶教授決定進行系統化的研究。[1]從一九三〇到一九三二年的兩年間，他與這對華裔夫婦一起橫越美國，縱貫太平洋沿岸，來來回回一萬多英里。他們沿途親訪兩百五十一間商家（六十七家旅館和一百八十四家餐廳），追蹤研究所受到的待遇。

結果如何？他寫道：「我們遇過，才請對方服務我們這麼一次，卻還是被嚴正拒絕。」他們被一家「相當差的汽車露營場」拒絕。但同一天晚上，他們找到了「另一家更美輪美奐……又格外好客」的汽車露營場投宿。他寫道，確實，他們所去的一百八十四家餐廳中，有七十二家（約占百分之四十）不僅讓這對華裔夫婦得以投宿，實際上還提供超乎平均水準的服務。結果：「儘管我的華人朋友一開始在這個國家旅行時感到相當不安，但很快就把怕被斷然拒絕的憂慮全部拋下。」

根據實際走訪很少遇到歧視的經驗，拉皮耶回來後依慣例寄了態度調查給所有走訪過的商家，問：「貴場所願意接待華裔顧客嗎？」可選的答案有「願意」、「不願意」、「看情況決定」。

收到的一百二十八份回饋問卷中，百分之九十二的餐廳和百分之九十一的旅館答「不願意」，不接待華裔顧客。其餘所有商家都答「看情況決定」。唯一答「願意」的，是位汽車露營場的女東家，拉皮耶寫道，她寄回問卷時還「附上一封寫了滿滿的信，描述去年夏天一位華裔紳士和他可愛妻子來訪的愉快經驗」！

想想拉皮耶體認到什麼現象。大多數自認會做出歧視性選擇的商家，對於華裔夫婦的認識，僅僅憑著人口統計的身分表徵。而對於寫這封信的汽車露營場女東家而言，可愛的華裔夫婦並非抽象的假設。他們在露營場度過的時光，讓她留下美好的回憶。在她看來，他們是真實的人，有著真實的人性脈絡，而不僅僅是人口統計的身分表徵。

即使是表示過，無論在任何情況下都不願服務華裔人士的商家，實際面對華裔人士時還是會提供服務，與這對華裔夫婦真實交流，克服了自己假想的偏見。

近來我們常聽到，時下多數人都意識不到本身帶有偏見，自認無歧視，但現實生活中的確會歧視。拉皮耶的研究卻持相反的觀念。人們對於他者的敵意在抽象概念上比實際碰面時嚴重。假設自己有歧視念頭的人，十位當中有九位與真人面對面時並不會歧視對方。看不到人臉，把人簡化為人口統計的身分表徵時，很容易就將「他者」去人性化。遇見真人，得知對方一絲一毫的人性脈絡時，就會產生連結感，而連結感可以摧毀歧視。

我們得到的教訓是，當人淪為一套僵化的族群表徵，而非被視為具有共通人性的獨立個體，就會破壞融洽，輕蔑很容易顯露出來。拉皮耶問老闆們，是否願意服務假想中的「華裔人士」時，他是用種族身分表徵來簡化這對夫婦，去除他們的完整人性面。但當他們以血肉之軀現身商家，就還原了他們的人性脈絡。人們會報以溫暖的態度，因為與他人的人性接觸會削弱敵意。

這是為什麼？與有名有姓的個人面對面時，喚起了我們自然的同理心和同情心。（下一章會解釋這個事實背後的生物學原理。）對大多數人而言，同理心和同情心會戰勝偏見和歧視。並不是說偏見或歧視不存在；它們確實存在，不可能憑想像運作就會消失。但克服偏見和歧視的關鍵不在於重申人與人之間相異的本質，而是讓更有力的作用去破除偏見：與人真實互動時，有了與對方同樣生而為人的連結感，我們的同理心和同情心都會油然而生。

＊

身為社會學家，我覺得拉皮耶的研究結果相當迷人，不僅僅是理論上激發了我的想像力。

回想一下我在本章開始時提出的問題：根據四個人不同的人口統計條件，你會有什麼印象。這是個陷阱題。一句話表示身分的那四個人，是我二十七歲的妻子和我們的三個孩子。誠然，家人實在太相近了，看不出有什麼多樣性。（我一個孩子很小的時候，形容鄰居一家是「全家長得很像而且講起話來都一樣。」）我們有什麼共通之處？深愛彼此，**這才是至關緊要的事**。

我的意思是：身分認同是個既清晰又模糊的概念。它可以讓原本不相識的人快速建立歸屬感，但也可在不應分敵我的情境下輕易劃出界線，切斷我們本來能夠且應該與他人建立的人性連結，煽動了輕蔑的風氣。

這樣的觀察對我的日常工作有幫助。身為社會學家，我通常會接觸到大量數據，這些數據來自大學教授、行政人員和學生對政治右傾者的看法，這些話並不悅耳。我們被認為沒道德且無情，理論上許多學術機構都不歡迎我們。正如我之前提到的，到校園演講可能會有壓力，感到不受歡迎一點也不好玩。

但是當我現身與學生和教職員面對面，分享自己身為一個人的故事，而不是我的政治認同時，幾乎從未受到不客氣的對待。正好相反，大家對我幾乎總是客氣又歡迎，即使他們不同意我的看法。最近我到美國最為以激進聞名的校園中，發表主題為人與人之間連結感的演講。演講結束後，有位學生離場時告訴我：「我本來準備想抗爭的，但真心對這場演講的內容感到共鳴。」我聽了真的很高興，因為人與人的連結就是我的目標。

我投身校園演講的其中一個原因，就是拉皮耶的研究。與具有歧視態度的人面對面，往往可以打破他們的偏見。越來越多的研究結果都與此一致，證實了許多拉皮耶幾十年前的發現。

如果要毀了這些校園演講，我可以劈頭就高調宣揚我的政治認同：「嘿，大夥兒聽好，我保守派，我驕傲！面對現實吧！**哈哈，自由派哭吧！**」那就會淹沒我與聽眾間的人性連結，而這恰恰是當今政治認同的問題，政治認同強調人隸屬特定族群的資格，可能是政治、宗教、民族或其他。終究會導致愛的削減而非豐沛。

重點是要有所體認，談論自己和他人時，這都適用。藉由不可逾越的差異來定義自我（我是保守派，而你不是），就是遠遠拋棄自己與異議人士共通的人性脈絡。同理，藉由把異議人士定義為一套無形的表徵（你就是自由派，再說什麼都是多餘），我們就是遠遠拋棄他們的人性。今天社會之所以有部落主義，多半是因為我們對他人身分認同投射的想像越來越刻板。

對你而言，試著超越人口統計的身分表徵來理解他人，似乎很明智又直截了當，但我要提醒，並非所有人都認同我的論調。對這種論點有一條常見的批評：事實上，人無法認同歷史上受到壓迫的人，甚至也無權去試著這麼做。舉例，因為我是白人，不是移民，論點就變成，我既無法理解歷史上被邊緣化者的經歷，也不能說我可以想像他們的經歷，包括拉皮耶研究中的華裔夫婦。根據這種思維，我就算遇過很多移民，認識很多華裔（其實我妻子就是前者，女兒就是後者），也不切實際。有人會說，我個人的人口統計身分表徵不同，缺乏「親身體驗」，所以我不得置喙。

我的社會經濟、文化、政治、種族和宗教背景真的與人不同，而很多方面，對不同於我的人，我的理解方式**確實**有限。但這些都不是保持緘默和築起自我高牆的理由。相反的，這是訴求多樣性要更徹底的論據，我們從中消彌「差異」，努力理解四海一家共通的道德「理由」。

先找尋共同點，再看差異

但等等，你可能在想，人口統計的身分表徵不是會打造強大緊密的社區嗎？只要提到紐約小義大利，舊金山唐人街，華盛頓小衣索匹亞，立即會想到這些都是同質性極高，帶有強烈鮮明色彩的社區。人們深深被具有共通人口統計表徵的社區吸引；正如諾貝爾經濟學獎得主湯瑪斯・謝林（Thomas Schelling）在研究中所指出的，通常這就是人自然而然自我分類的方式。[2]

自我分類可讓邊緣化社區的人日子好過些，但人口統計的族群身分，並非是使**國家**團結的必要條件，更別提讓世界和平了。要瞭解這一點，我們得讀一讀哈佛政治學家羅伯特・普特南（Robert Putnam）的精采著作《獨自打保齡球：美國社區的衰落與復興》（*Bowling Alone: The Collapse and Revival of American Community*）。普特南向百萬大眾引介了社會資本的概念，「個人與社交網路的連結，以及由此產生的互惠和信用規範。」[3]

社會資本有兩種。第一種是**結合型社會資本**，這是「內向型」的，傾向「加強排他的身分認同與同質族群」。[4] 結合型社會資本的例子有：同一所大學的校友、種族相似或隸屬特定教派。歸屬這種族群，可以建立凝聚力，但僅限於有共通狹義身分認同的人。

這種結合可為個人提供社會和心理上的支持，但最終還是根據人口統計表徵的差異來加強劃分。這定義了「我們」，但同樣重要的是也定義了「他們」。

相對而言，**橋接型社會資本**在於接納那些不屬於自己特定陣營的人。橋接型社會資本不是憑藉人口統計的身分表徵，而是「可產生更廣義的身分認同和互惠。」[5] 橋接型社會資本是建立在共通的人性之上，著重於多麼相似而非多麼不同。

就像社會資本一樣，身分認同不是結合型就是橋接型。**結合型身分**認同描寫了你我某特定層面相似，卻與整個廣大社會相異之處。對我而言，羅馬天主教就是一種結合型身分認同。我有一大票在這點上與我共通的朋友。如果你來參加我天主教朋友的晚宴，但你是佛教徒，想搭得上話會變得很麻煩，可能也會覺得不是很融入。根據與整體間差異所主張的身分認同政治，就是根據結合型身分認同。

儘管我們在人口統計上存在差異，但**橋接型身分認同**仍尋求你我共通的人性和經驗，通常極反對當前定義的身分認同政治。結合型身分認同定義了你與他人共通之處是「什麼」，而橋接型身分認同則定義了你與所有其他人團結在一起是「為什麼」。

我自己對此的理解是源於一位朋友，加州大學柏克萊分校法學以及非裔美國人研究和種族研究的教授約翰・A・鮑威爾（john a. powell）。＊鮑威爾的思想對我產生了很大的影響。

我特別說明一下，約翰的結合型身分認同與我的大相徑庭。他在底特律長大；我來自西雅圖。他是黑人；我是白人。他是家族中第一個上大學的人；我三十歲以前，是家族中第一個不上大學的人。約翰是公認的進步主義者；我不是。但這些表徵僅僅是約翰和我本來是「什麼」。故事精采在於我們彼此共通的「為什麼」。他是維護人性尊嚴平等的戰士，致力實踐這一理念；這也是我的「為什麼」。幾年前，我們因為走在這條共同理念的道路而相識，受國家之託要想出使人脫貧的方法。由於這共同的「為什麼」，我們倆像火燒房子一樣快就熱絡了起來。

約翰告訴我：「我認為人們不僅不再打造橋梁，還炸毀橋梁，然後採取強硬的立場。」「當人們聲稱自己反對另一個族群，而另一個族群是絕對的邪惡時」，就發生「決裂」了。就像輕蔑一樣，決裂不是一種被動的行為。正如鮑威爾所定義的那樣，決裂是「紮紮實實攻擊了『對方』。且……當我們認真與人決裂時，實際上是透過這個決裂來自我定義。因此我是根據自己討厭的族群來定義自己。」在我聽來，這是對身分認同政治

＊約翰・鮑威爾一律用小寫字母來寫自己的全名。

陰暗面最尖銳的形容。

鮑威爾認為，越來越頻頻發生「我們發現彼此的觀點不同、文化不同，而且認為都是對方的錯……我們傾向妖魔化那些與我們想法不同的人，甚至不願挪出時間問對方：『你是怎麼來的？你早餐吃什麼？你有孩子嗎？』」我們迅速跳過這些可助我們瞭解他人故事的問題，反而立即著眼於差異分歧最大之處。結果我們便無能找出確實存在的共同點。

在分界線上搭橋的勇氣

決裂的現象與「他者化」概念的學術研究一致。正如新南威爾斯大學教授安東尼．茲維（Anthony Zwi）所主張的，「他者化」是一個人藉由疏遠或污名化另一人的身分認同來確保自己結合型身分認同的過程。[6]與決裂一樣，「他者化」憑藉膚色、社會經濟地位、政治觀點或其他方面的各種區分，在「我們」和「他們」之間建立了一道明確的分界線。鮑威爾說，「他者化」的危機在於，最後我們對別人的認識都是諷刺漫畫式的，因為我們從未與對方接觸過。他警告，一旦走上那條路：「遲早會對彼此做出各種可怕的事。」

但除了決裂之外還有另一種選擇，為此，鮑威爾使用與普特南相同的術語：「橋接」。橋接並不會因差異而推開「他者」，而是開始打造關聯。儘管橋接核心理念不必拋下彼此所有差異，但**確實必須**看見並承認對方的人性。橋接不會忽略差異，但會為我們的共同之處引以為豪。實務中的橋接看起來是什麼樣子？約翰讓我想起了他自己人生的例子。

他認識一個名叫莎莉的女子，她住在柏克萊的街上，他偶爾會給她錢。但有一天，他問她是否需要任何東西時，她要的不是食物或錢。「我想問你，能否給我一個擁抱？」他記得她怯生生的語氣。約翰猶豫了一下，但正如他後來解釋的那樣，他意識到，莎莉是認真想得到約翰的人性關懷，而不是純粹被當成慈善救助的個案。擁抱使他們成為一體，他說：「我們倆都是有尊嚴的人類，有能力去愛。」莎莉希望約翰能讓她超越無家可歸街友的身分。他擁抱了她。有許多原因可以讓他選擇與莎莉分裂而不是橋接。她窮困，衣衫不整，沒受過教育，社會地位低，而這些他都不是。但把焦點放在兩人共同的人性，而非身分上的顯著差異，兩人成為意義深遠的一體。

這次交流之後發生的事情同樣頗具啟發性。同事因為約翰「無家可歸的女友」而取笑他。這揭示了一個清楚的事實。約翰說：「有時橋接需要付出一定的代價。有時成本可能會很高。」在某些情況下還算事小，例如被朋友戲弄。在其他情況下就茲事體大，就像最近有政治進步派和保守派的人拒絕羞辱對手，就遭到自家陣營社交排擠。情況最嚴重時，有些人為橋接付出了極端的代價。鮑威爾提醒我，盧安達發生種族大屠殺時，拒殺另一族鄰居的圖西人和胡圖斯人因為不忠誠而被自己的族人殺害。橋接就像古道熱腸一樣，需要勇氣。

決裂時會強調使我們分化的身分，很快就看不見他者的人性，這就是為何輕蔑和分化在美國變得如此普遍。另一方面，正如鮑威爾的觀察，「當我們與真人面對面，實際接觸時，人的複雜性就會出現。」看到他者的人性全貌時，要「他者化」就變得困難。這裡重要的教訓並非我們之間的分歧微不足道或最好絕口不提，而是如果想克服輕蔑的文化，就必須先尋找我們的共同點，再看我們的差異。我們必須橋接，而不是決裂。

可以肯定的是，橋接是艱苦的工程，絕不是憑人口統計上存在著多樣性的數據就能保證。普特南本人指出，單單把各種具有強烈結合型身分認同的人聚在一起，可能就會適得其反。他自己的研究顯示，在橋接的情況下（增加移民或種族多樣性），有時短期內實際上會降低社會的團結和信任。[7] 普特南檢閱世界各國的研究，以及美國四十個不同郡和市鎮成千上萬人的調查數據，發現在種族和社會經濟多樣性較大的社區，「信任度（甚至是同種族）較低，利他主義和社區合作較少，朋友較少。」[8] 異質性水準較高的國家，社會信任度的水準較低。職場中若族群多樣化，凝聚力和滿意度普遍較低。看來，對於製造和諧，至少在短期內，橋接的傷害可能大於幫助。

但是這並不意味著，我們應該放棄不同族群之間的團結。這僅意味著，實現和諧並非易事或直截了當；需要技巧和努力。想要治好我們社區的所有人，都必須提供更多用於群體的「社會黏著劑」。不能隨機放任社區只要族群混合就能創造橋接的身分認同。需要領導才能，使不同的人圍繞共同的道德目標聚集在一起，並體認到我們都在尋求愛與尊嚴。橋接有可能成功，但唯有當我們刻意拋棄分化的身分認同，支持我們共通的人性脈絡時，才可能成功。

要理解這一點，請參考婚姻平權的案例。這仍是個敏感問題，因此請暫先不思考支持或反對同性婚姻，而只考慮婚姻平權運動如何在過去幾年成功劇烈改變了輿論。同性戀者的尋常人生大量曝光，促使全國輿論贊成同性婚姻。多年來，自覺的同性戀者很多，卻沒有太多民眾支持。但隨著不受排斥或攻擊的「出櫃」漸漸變得可行，成千上萬的同性戀者能夠對認識的親友開口表達，他們只想得到其他公民也想得到的公民權、愛、承諾、保障和家庭，而隨著對話增加，大家能克服對同性婚姻的反感。講述橋接的故事，而非把焦點放在他們的性別認同與其他多數美國人不同，同性戀族群因此改變了輿論。

從這個例子和普特南的案例可得到的重大教訓是，對團結而言，橋接的方式也一樣重要，甚至比橋接這個概念本身還重要。強迫人聚在一起卻凸顯彼此差異，可能有害。但如果將大家召集在一起，把焦點放在我們共通的故事，就會發現克服多重輕蔑所需的，一種廣義的新「我們」。

總之，我們常以為的身分認同，是被現代身分認同政治所包裝，只算某一種身分認同：結合型身分認同，以某個族群有別於其他族群的共通特性來定義身分。最糟的情況下，結合型身分認同會導致「我們對抗他們」的決裂行為，被族群內部或外部的人「他者化」，這顯然是當前輕蔑風氣的關鍵。在拉皮耶的研究中，種族就屬於這種身分認同，可用來結合某個次族群，但也可用來「他者化」華裔。

但我們本身不應反對身分認同，反而該放寬對身分認同的理解，接納橋接型身分認同，即跨越不同表徵，尋找共通人性。橋接型身分認同，套句陳腔濫調，就是用愛與愉悅來「擁抱多樣性」。這是世風分歧下，我們內在真心的嚮往。

＊

各行各業賢能的領導者可建立強烈的結合型身分認同（基於共同的「什麼」），並轉化為橋接型身分認同（共通的「為什麼」）。我來舉個例。

加州洛杉磯郡有一千八百個街頭黑幫，成員超過八萬五千人。這些是犯罪行當，他們犯下暴力罪行，讓整個社區蒙害。但為何年輕人會加入？因為在毒癮、失業和無家可歸情況下成長的人，這些黑幫帶給他們歸屬感和結合型身分認同。連結身分就是這樣起作用的，在特定的群體間建立強烈連結，產生歸屬感，防範外人入侵。

但這種結合型身分的代價太大。幫派成員變成年輕人身分認同的基石，劃清社群的界線，主宰著人去哪些地方才會受到歡迎，哪些街區才能放心行走。越過這些概念和實體上的界線，可能會致命。幫派成員往往是暴力的受害者，坐牢率很高，是一種極危險的生活方式。

這是在洛杉磯鮑伊高地附近的天主教神父葛雷格．鮑伊（Greg Boyle）再熟悉不過的現實。他已為兩百多名因幫派暴力而喪生的年輕人主持過葬禮。幸運的是，鮑伊神父不只主持葬禮，他還瓦解了促使城內幫派交戰的結合型身分認同，他為幫派成員提供誠信合法的工作機會，讓年輕人認識橋接型身分認同，看到自己與他人相似大於相異。

這一切都始於鮑伊於一九九二年創立的「兄弟麵包」（Homeboy Bakery）公司，為陷入幫派人生的年輕人提供了一種出路。[9]這個組織後來稱為「兄弟事業」（Homeboy Industries），過去從一家店開始，現在營業機構遍布全市。正如鮑伊所說，許多想離開街頭生活的年輕人「準備『金盆洗手』時，知道可以去兄弟公司。」他們會從麵包店（或組織的其他營業點如咖啡店或印刷行）開始，以便在從事不同工作前先學到所需經驗。但有個蹊蹺，幫派成員在「兄弟」展開新人生時，會要求他們與死對頭一起工作，無論在任何其他情境，這都很不可思議。「兄弟」的年輕員工藉著參與共同任務，得以放下他們過去的幫派身分，並意識到也許彼此並沒有太大不同。

套用鮑伊的話，就是給年輕人「跟死對頭合作的機會」，而不再強調幫派身分，支持分工合作和共通人性脈絡的作用十分深遠。光是把過去可能會互相殘殺的人召集起來，迫使他們面對彼此有很多共同點這一事實，就造成了嚴重的不和諧。根據鮑伊的說法，還在幫派中的人問這些前幫派成員：「你怎麼跟那個傢伙一起工作？」他說，儘管回答這個問題「會很尷尬，顯得很笨，總需要鼓起勇氣」，但提出這個問題本身就「為現狀帶來衝撞」。鮑伊神父到底衝撞了多少現狀？多到如今「兄弟事業」每年為洛杉磯一萬多名前幫派成員提供服務，從去除紋身到憤怒管理和育兒班，應有盡有。當我們輕蔑的對象就那麼真實站在我們面前，充滿著完整的人性脈絡時，就很難繼續差別看待。

鮑伊馬上提醒，這個組織無法幫助所有需要幫助的人，只能幫助那些尋求幫助的人。這其中有個重要意義：強調共通人性而非人口統計表徵上的差異是一種**主動的選擇**。如果我們想反抗導致我們分歧的事，不能等別人來搭橋。但如果我們願意與那些我們蔑視或蔑視我們的人進一步接觸，就像在鮑伊神父照顧下的年輕人所做的，愛與和解就會隨之到來。

成為搭橋者

如果你想對抗輕蔑風氣，尋求讓我們的社區、國家和世界齊心一致，那麼本章要記住幾個關鍵的教訓。

我的論點不是應消滅人口統計的表徵。它們是存在的，而且這沒有錯。而是引用它們來塑造結合型身分認同時必須謹慎，因為這會把我們與族群外的其他人隔離開來，就像它也會讓我們與族群內的人團結起來一樣。同理，單憑結合型身分認同來定義其他對象也很危險。儘管那些敘述可能正確，但偏向非人性化，把另一個人簡化成一個維度。

對於想團結他人而有限度利用人口統計身分的領導者而言，這一點尤其重要。站在跟你有相同特質的團體面前，很難克制自己不說出：「我是你們而不是他們的一員！」想獲得掌聲，這個辦法最簡單，但如果我們將多樣性當作促進和諧的目標，這會使我們走上錯路。

在一個遭到輕蔑分化的國家，當今領導者的道德層次有分級。最差的是「決裂者」，想靠分化人們來獲得權力。用他者化的語言，利用身分認同政治來界定外人。這是當今國內政治左右派主要的壓力。你可能不喜歡這種現狀，否則不會讀這本書。請與我同心協力別那麼做。

中級的是「結合者」，不一定想從分化中占便宜，但很少能促進真正的團結，因為他們利用身分認同來強化與自己族群的連結。儘管他們並非出於惡意，但仍不看重跨越分歧召集大家的機會，使他人被邊緣化。我認為，這是虛擲領導能力。

理想的當今領導者（比起一生中任何時期都還迫切需要這個人）是「搭橋者」，即致力於徹底接納多樣性的男男女女。所有政治派系的領導人都要如此，能看到身邊全體的共通人性脈絡，決心讓大家團結。當我們視彼此為跟自身一樣具有人性脈絡和尊嚴的個人時，就會找到連結感。有人生觀和意識形態上的差異時，搭橋能使我們與人的往來發揮建設性。與具有共通結合型身分認同的人建立堅實的關係，不完全是壞事，但唯有向身分認同相異的人敞開雙臂時，才能發展團結所需的信任感。

因此對左派和右派而言，要團結，首先就是要視彼此**為人**。在看致使我們有所區別的「什麼」前，先找出我們共同的「為什麼」，以及共通的人性脈絡。並不是該消弭我們的差異，也不該消弭這些差異導致有人難過、有人好過的方式。而是當我們看待他人，尤其是意見相左的對象時，也是跟我們一樣有尊嚴、有機會追求幸福的人，唯有這樣，我們才能在面對差異時搭起橋梁。

這就是克服分化和我們國家當今充斥之輕蔑風氣的祕密。要對「他者」、自由派或保守派、川普支持者或「黑人的命也是命」社運人士輕蔑，輕而易舉。要對有名有姓、有著面孔和人性脈絡的真人輕蔑，就難多了。當我們以個人的身分相遇，講自己的故事時，會有更強大的力量去戰勝輕蔑，那股力量就是愛。

那麼，就讓我們來講故事。

第6章
說個故事給我聽

史上最知名的《週六夜現場》（*Saturday Night Live*）短劇之一是二〇〇〇年演出的〈多來點牛鈴〉（More Cowbell）。克里斯托弗・沃肯（Christopher Walken）飾演知名的唱片製作人布魯斯・狄金森（Bruce Dickinson），場景是他和藍牡蠣合唱團（Blue Öyster Cult）在錄音室裡。合唱團試著錄製一首新歌時，他們被大聲敲著牛鈴的團員金恩・法蘭柯（Gene Frenkle，威爾・法洛〔Will Ferrell〕飾）給毀了。此時狄金森走進錄音室跟合唱團說，有一樣東西可以讓這首歌變得更棒，那就是……多來點牛鈴。他們第二次想錄製這首歌時，同樣的事再度發生，然後又發生了第三次。每一次狄金森都要他們加入更多的牛鈴（跟他們真正需要的正好相反）。狄金森解釋他的理由：「知道嗎？我發燒了！唯一的處方就是多來點牛鈴！」

藝術映照生活。至少，身為一個經濟學家，生活常常看起來就像那集的《週六夜現場》短劇。我們經濟學家受到的訓練是運用數據和證據，做出以事實為基礎的政策主張來說服他人。這樣做的基礎是「理性人」的預設，他會根據確鑿的證據改變自己的想法，他的座右銘是約翰・亞當斯（John Adams）的名言：「事實是頑固的東西；無論我們的願望、傾向，或激情的命令為何，都不能改變事實和證據的狀態。」[1]

如果我們拿出最好的證據，但人們卻不相信，那我們該怎麼辦？我效法布魯斯・狄金森：多來點牛鈴，呃，不是啦，是拿出更多數據！如果人們不相信一開始提出的證據，那麼唯一的處方就是更多的證據。

更多證據並不能說服人

這一招從來沒有用。相反的，事情往往因此變得更糟。在我早年的學術生涯階段，我似乎從來沒有成功說服過那些原本就不同意我的人，讓他們認為我的觀點值得思考。比方說前面章節提到的例子，我會反覆提出最低薪資提升導致低薪工作流失的證據，而只有那些本來就認為提升最低薪資是個錯誤想法的人會點頭表示同意。於是，我會拿出更多的數據、更多的事實、更多的證據來強化我的主張。直到每個人都看著我，好像我是個鐵石心腸的人，還是我被某家大企業收買了一樣。

我花了幾年的時間才明白，我整個的工作前提都是錯誤的。基於事實的論證並不能很好地說服人，事實上，人們並不是像電腦一樣運作，他們不會根據所取得的最佳數據而更新自己的信念。早在一八九八年，社會科學家托斯丹・韋伯倫（Thorstein Veblen）就在一篇題為〈為何經濟學不是門演化科學〉（Why Is Economics Not an Evolutionary Science?）的文章中，解釋過傳統經濟學論證的錯誤假設。

人的享樂主義概念是個快感與痛苦的閃電計算器，在刺激的衝動下，像個由對幸福的渴望構成的同質球體一樣地擺盪，在一個區域內動來動去，但保持其完整性。他沒有前因後果可依循參考，只是個孤立的、明確的人類數據，除了在這股撞擊力道的衝擊下改變所在方位之外，處於一種穩定的平衡狀態。[2]

謝謝你，托斯丹。看來問題是出在我把人們當成「一個由對幸福的渴望構成的同質球體」來看待（真希望我也能寫出這種東西。）

其實韋伯倫教授低估了這個問題。我們非但不是什麼「閃電計算器」，而且，當我們保持著根深蒂固的信念時，我們甚至會拒絕運用新的資訊。

心理學家一致認為實際上每個人都是「確認偏誤」（confirmation bias）的受害者，傾向於相信那些支持先前信念的證據，而拒絕與這些信念矛盾的證據。換句話說，如果你認為提升最低薪資不會摧毀任何工作，那麼就算我給你看相反方向的堅實證據，看起來也都會像是受到自利的動機驅使。你會更快質疑我的**動機**，而不是你自己的**信念**。在具有政治爭議性的課題上，認知科學家雨果・梅西耶（Hugo Mercier）以及丹・斯培貝（Dan Sperber）將此稱為「證己偏誤」（myside bias）。[3] 他們的研究展示，人們有多麼善於發現別人論證中的弱點，卻看不見自己論證中的缺陷。

所以，如果對大部分的人而言事實無足輕重，如果他們早就打定了主意，不會受到證據的動搖，那麼我們要如何在任何議題上取得共識呢？我們似乎從不認為對方的主張值得考慮，這讓我在本書中追求「結束輕蔑文化」的目標，充其量只是一種唐吉軻德式的追求。

用故事影響他人腦波

尤里・哈森（Uri Hasson）是普林斯頓大學心理學系和神經科學研究所的教授，也是哈森實驗室的主持人，這是個認知神經科學的研究群體，工作是日復一日地研究功能性磁振造影儀（functional magnetic resonance imaging，簡稱 fMRI）所輸出的大腦影像。透過檢視這些影像，哈森和他的同僚能夠看見在自然語言的溝通過程中大腦活動所發生的變化。他說：「在我在普林斯頓的實驗室裡，我們把人們帶到 fMRI 的掃描儀，在他們講述或聆聽真實生活中發生的故事時，掃描他們的腦部。」[4]

在他的實驗裡，他們讓兩個參與者躺進兩個並排放置的 fMRI 儀器裡。（如果你好奇這看起來是什麼樣子，就想像兩個人並排躺下，只是他們的頭都被巨大的塑膠甜甜圈包圍起來。）當一個人向另一個人說故事時，哈森就研究他們的腦部會出現什麼活動。「我們在故事開始前就開始掃描他們的腦部，當時他們只是躺在黑暗中等待故事開始，」他說。這些掃描顯示，個體的大腦活動模式高度不相似也不同步。

「然而，當故事一開始，驚人的事情就發生了，」他說。聽故事的人沉浸在故事中，不分性別，參與者的腦波與說故事者的腦波立刻鎖定在一個共同的模式中。「這是一種清晰而戲劇化的相關性。聽者越能理解說者所要表達的，他們的大腦反應就越能密切反映說故事者的大腦反應。」[5]

這種奇蹟效應就是「神經牽引同步」（neural entrainment）或「腦對腦配對」

（brain-to-brain coupling）。[6]

你也許會納悶，難道腦部只是抓住了這種言說模式，而不是去理解言說的實質內容嗎？哈森用兩種方法做了測試。首先，他讓說俄語的人用俄語說故事給只聽得懂英語的人聽，並且也反過來測試。當他進行測試時，fMRI 造影顯示受試者的腦部之間幾乎沒有出現配對。然後他將故事用英語說給英語聽眾聽，也用俄語說給俄語聽眾聽，在這兩種情況中，受試者的腦部都產生了配對。

當說故事與聽故事的人都能說同一種語言時，他說，「這種配對會在大腦網絡的不同層次廣泛存在，從較低的聽覺訊息到更高的功能層次。」事實上，哈森的研究顯示，如果聽者深受故事吸引，不分性別，人們的腦部確實會在所分享的故事前採取行動，也就是腦部會預期並主動預測說故事的人接下來會說什麼。「這就是當你喜歡上某個人時會產生的感覺。你可以搶在他們之前說完他們要說的話。」

當人們說，「你的腦波跟我一樣嗎？」他們通常只是把這句話當成一種隱喻。但哈森的腦部造影表明，這不只是隱喻而已，它是個真實的生理學現象。透過說故事，你真的可以產生和別人一樣的大腦波長。我們的腦部在說故事時會密切同步，這是要深入了解他人的最棒祕密之一。以團結為己任的領導人，記下來。下一次演講時，用一個你個人的故事當作開場吧。

腦科學的進展正在證實人們的直覺，這種直覺認識是我們這些專業經濟學家明顯嗤之以鼻的東西：故事拉近人們之間的距離。它們擁有團結的力量。

如果你稍微研究一下歷史上人們是如何說服別人相信某種道德立場的，你會發現，幾乎所有人都是採取講述故事的方式。想像一下耶穌告訴他的追隨者，「根據最新調查，在從耶路撒冷到耶利哥城的路上，祭司和利未人幫助旅人的可能性比撒瑪利亞人少了百分之四十二點三。在這條路上，暴力犯罪在過去十年裡大幅增加了。」（這件事會發生在他完成加利利州立大學的博士學位後不久。）但是耶穌用好撒瑪利亞人的寓言更強而有力地傳達了這個論點。

世界上所有最偉大的宗教都強調人們可歌可泣的奮鬥故事。古希臘和羅馬神話就是一部道德故事選集。《薄伽梵歌》是印度教最神聖的經典《摩訶婆羅多》（Mahabharata）的一部分，是部關於戰爭的史詩劇作。希伯來聖經充滿了我們都熟知的激動人心故事，從分離紅海到約拿與大魚。這些神聖經典的作者們在幾千年就已知曉的事，今天被像哈森這樣的神經科學家透過腦部掃描證實了。如果你希望人們學到並記住某樣東西，那就把它放進一個跟人們有關的故事裡。

因此，可能我將意見不同的人聚在一起的努力也不是完全徒勞無功。我只是用了錯誤的方法，依靠的是冷冰冰的事實，而不是人們的故事。當我們說故事時，我們的大腦會聯合起來，給我們一個至少可以去了解彼此的機會，無論我們最終是否能達成一致。兩個大腦同時一起就能打破偏見與分歧，可以擊敗證己偏誤，引導開放性產生，即使無法取得共識。

催產素的力量

腦對腦配對不是故事讓人們產生理解的唯一方式。另一種方式是透過催產素（oxytocin）這種「愛的分子」的獨特作用。催產素是一種合成於大腦下視丘的荷爾蒙，它會讓我們感覺到與他人緊密連結。會令配偶對彼此產生一種特殊的愛，讓我們和其他物種（例如松果蜥、法國神仙魚和大西洋海鸚）一樣尋找終生伴侶。

催產素對親子間的緊密連結發揮了更強大的力量。也許你認為，人們和自己的子女間自然存在著某種強烈的連結，這連結是顯而易見的。但是仔細想想，我們有一堆理由可以不喜歡嬰兒。（記得聖奧古斯丁對嬰兒的譴責嗎？）他們什麼也不能做，只會讓你夜不能眠，當他們無法稱心如意時，就會像暴君一樣尖叫。

當我的妻子伊絲特和我正在等待第一個孩子出聲時，我確實出現過一個有點偏執的奇怪想法：我真的會愛他嗎？但是孩子出生後不久，當我第一次抱著他、看著他的小眼睛時，我的腦袋卻突然跳出某個東西，強烈到我幾乎能感覺到。那就是催產素的作用。我的大腦釋放出愛的分子，讓我感覺到我與兒子之間有一種連結，強烈到我會樂意為他而死。兩年後，我們的第二個兒子出生，我又體會到一模一樣的感覺。

幾年後，妻子和我決定領養一個小女孩，我心想，我和兒子之間存在一種生物性的連結嗎？我會對我的養女產生同樣強烈的連結嗎？然後我就前往一家位於中國的孤兒院去接她了。當時她只有一歲半。他們叫到我的名字，我走進一個房間，一位護士把我從未謀面過的一個走路還東搖西晃的孩子匆匆塞進我的臂彎裡。她用她的小拳頭抓住我的襯衫，小眼睛直直看著我，然後「啪」的一聲！那種感覺又出現了。催產素的作用。那一刻，我真的可以發誓我們會永遠在一起。

順道一提，可不要把這件事和某種物質、世俗層次的生命概念搞混了。有些人認為我們的所有反應和感覺都是純粹生物性的；但我不是他們的一員。在我每天的禱告中，我會感謝像是催產素這類的東西，我認為它是種恩賜，不只是讓我不會把我的小寶貝留在後院裡過夜的一種自然適應產物。

催產素的基本濃度通常接近於零，直到某種刺激造成它釋放到大腦及血管，在那裡，它的半衰期約為三分半鐘。這讓它成為科學實驗的理想分子。催產素釋放後，便可在血液中測得腦部催產素濃度的變化，這意味著研究者可以透過簡單的血液測試來確定我們體內催產素濃度的變化。

保羅・札克（Paul Zak）博士是位經濟學家，他做的就是這樣的實驗。身為克萊蒙研究大學神經經濟學研究中心（Center for Neuroeconomics Studies at Claremont Graduate University）主任，他研究人類連結的神經科學，以及故事是如何改變我們大腦的化學組成，並讓我們彼此能夠更緊密地團結在一起。他告訴我，合一的關鍵，就是催產素。

「我們持續在身處陌生人中的恐懼以及與他們互動的渴望間保持平衡，所以催產素有助於維持這種平衡，」札克告訴我。「人類連結、互惠及合作的背後是神經生理學的運作。」透過催產素幫助我們保持平靜、免於焦慮，也促進了我們深深渴望的關係性合一。

「當大腦合成催產素時，人們會更值得信任、樂善好施，並且更富有同理心。」他研究了宗教儀式、民俗舞蹈、婚禮，甚至巴布亞紐幾內亞雨林中的土著跳傳統戰舞時催產素的釋放情形，也在他南加州的實驗室中進行這個研究。他以約二十美元的代價讓受試者坐在椅子上聽一個故事，在這同時，他將針管插入他們的手臂取得一瓶瓶的血液，用這些血液來測量他們腦部所產生的化學變化。

札克和他的受試者分享了一個故事：一支短片顯示一位正對著攝影機講話，背景中，他兩歲的兒子班正開心地玩耍。[7]

「小班快死了。」這位父親說。

他解釋，小班是聖裘德兒童醫院的病患，得了一種無法手術的腦癌。他才剛完成了化療，暫時擊退了腫瘤，所以現在像個正常孩子一樣四處跑、咯咯笑。這個快樂的小男孩不知道腫瘤在幾個月內就會要了他的命。當他說著要在班的附近維持愉快心情有多難，因為他知道接下來將發生的事時，小班父親說話的聲音開始破碎。

現在你看到的小班是……是這樣活潑好玩的快樂孩子。但到了某個時刻，他的腫瘤會再度長大，那時候，一切醫療手段就罔效。

沒有言語可以形容，你知道自己時間是有限的，那種感覺。沒有言語可以。我看著他的臉，他的臉上浮現笑容，他四處蹦跳玩耍，就像個正常的孩子。於是我想，如果他都做得到，那麼我也可以。所以，現在，我的臉上也要掛著笑容。我會堅強地陪伴在這孩子身邊，直到他嚥下最後一口氣。

我確定當你讀到這個故事時，你會為小班和他父親感到悲傷並產生同理心。當你觀看影片，看到小班在玩耍而他的父親在說話時，這種影響甚至更大。他們不是演員。小班真的是個患有癌症的孩子，現在已經過世了，而影片中的父親真的是他的父親。

我們有這種感覺的原因是，當我們聽到班的故事時，大腦會釋放出催產素，讓我們對於班和他父親產生一種深刻的情感上的理解。它立刻令我想起自己的孩子還小的時候，以及我過去（現在也仍是）最大的恐懼：深怕他們中的任何一人會受到傷害。「（受試者）看完影片後，我們就要他們評估自己的感受，並在前後均抽取血液測量其中的催產素濃度，」札克說。[8]「催產素的變化預測到他們的同理心。正是同理心能讓我們與其他人連結在一起，也正是同理心讓我們幫助他人。」

為了測量催產素對於行為產生的影響，札克給受試者一個機會，選擇是否捐贈他們參與這項研究得到的部分報酬給一家兒童癌症慈善機構。「當人們在實驗室觀看班的故事時，在維持對故事注意力時，也在釋放催產素。幾乎所有受試者都捐出了部分的實驗所得。」[9]的確，大腦分泌越多催產素，實驗受試者就越可能捐贈報酬。他也發現，「那些在看完小班的故事後捐錢的人比沒有捐的人，更能用同理心來關懷及幫助他人。」後來他用哈森所使用的fMRI機器重新做了這個實驗。他發現，最活躍的大腦區域是有豐富催產素受體的那些區域，催產素受體能讓人產生同理心。

札克放給受試者看的小班和他父親的影片，是從一部為聖裘德兒童醫院募款而拍攝的影片裡擷取出來的。受試者幫不了已經過世的小班，但是他的故事令他們的腦部分泌了催產素，激發了他們對小班產生同理心，讓他們想做些什麼來幫助其他人。在另一個實驗裡，札克讓研究參與者觀看一些英國的公益廣告，廣告由慈善團體製作，主題包括吸菸、超速、酒後駕車、全球暖化等。[10]半數參與者吸入做成鼻噴劑的人工合成催產素，另外半數吸入的是安慰劑。他發現，相較於吸入安慰劑的人，那些吸入催產素的人捐助的特定機構多了百分之五十七，捐助的金額則多了百分之五十六。他說：「吸入催產素的人對廣告中所描繪的世界也投入更多的情感，並說他們不太可能做出廣告中的危險行為。」

催產素是人類得以持續生存的工具之一。它將我們與情感上的另一半緊密結合，也將我們和我們的孩子，以及其他我們深愛的家庭成員緊密結合。雖然程度較低，但它也將我們和朋友，甚至是陌生人結合在一起，只要這些陌生人有一個能夠令我們產生共鳴的故事。當你向某個人（即便是陌生人）述說一個關於你自己的故事時，只要他們能夠產生共鳴，那種共鳴就能令人們分泌催產素，使他們對你產生些許的愛。同樣的，聆聽陌生人的故事時，你也能夠更愛陌生人一點。這是人與人之間深刻的理解。

有人的故事就會有好事

得知這些人類故事的力量，幫助我更加理解我的日常工作。直到十年前，我曾研究過慈善事業的行為經濟學，甚至寫了一本關於非營利組織管理的教科書。我的專長是收集並分析人們的慈善捐贈數據。我可以告訴你人們捐多少錢，捐給什麼，以及不同的文化及政策措施會如何改變這些事情。

然而，我卻從不曾看著某個人的眼睛，要求他捐點錢。後來我接任一家大型非營利組織的總裁，這家組織的財源完全倚賴每年數千萬美金的自願捐款。在慈善這個課題，我是個公認的學者，但是我完全陷入了恐慌，因為我不知道如何向人要錢。基本上，我就像是個世上頂尖的運動統計學者，忽然必須上場面對一個大聯盟的投手。就算是這世上所有的數據，也沒法叫那顆快速球慢下來。

我哥哥幫我進入了狀況。他是募款實作（而不是理論）方面的專家。他撰寫一些實用書籍，也擁有一個相關主題的熱門部落格，還曾幫助非營利組織成功募得數十億美元，從國際關懷協會（CARE International）到救世軍，都是他的客戶。他建議我熟記這個小小的不等式：**一大於一千萬**。也許你正在想，我哥哥的數學還真差。但他的意思是：當你談論人時，一千萬只是一個統計數字；一個人是一個故事，當你試著要讓人們支持某件事情時，故事能打動人心。

你知道在撒哈拉沙漠以南的非洲，每年有十八萬孩童死於沒有乾淨的飲用水嗎？[11]這個數字聽起來糟透了，但卻無法激發人們的同理心。如果我介紹你認識一個住在坦桑尼亞，叫做喬伊的小男孩呢？喬伊有雙黝黑的大眼睛以及一個大大的肚子。當他凝視著你時，旁白說，「這是喬伊。喬伊無法取得安全的飲用水，只好喝髒水。髒水讓他染上寄生蟲，他可能會死於某種由飲用水傳播的疾病，就跟他的許多朋友一樣。」對你而言，乾淨飲用水不再是個抽象、難以產生連結或完全理解的議題了。現在你**理解**這個問題了。

這是個管用的募款訴求，因為看見喬伊能夠刺激你的大腦分泌催產素，聽到他的故事會誘發腦對腦的配對。我們與他有種神經系統上的合一，我們從人類的立場理解他的困境，希望能做點事情。我們不會對十八萬這個數字產生那種合一感，但我們確實能感覺與一個受苦的孩子合一，因為那就是我們與生俱來的天性。我們會對人產生一種人類的愛，而不是對數字。

不是只有慈善機構開始理解這點；以盈利為目標的商人也理解。還記得皮爾斯貝里麵團小子（Pillsbury Doughboy）、酷愛果汁人（Kool-Aid man），那個撞破牆壁後說「喔耶！」的吉祥物，以及M&M巧克力人嗎？仔細想想，這些角色其實還真會令人惡夢連連。（「救命哪！我的糖果活過來了！」）然而，他們之所以能夠讓產品熱賣，就是因為品牌擬人化（anthropomorphization），當它們被賦予一個人類的故事時，沒有生命的物就會變得可以讓人產生連結。

這對於募款和品牌行銷很重要，但是對於要成為一個有影響力的領導人，以及團結社會，這一點也很重要。人的故事可以培養人對他人的深刻理解而做到這一點。大腦科學告訴我們，和他人建立連結是我們的天性。我們天生就喜歡聽故事，也喜歡建立關係。因此，如果想要團結這個國家，我們知道我們每個人的職責，那就是給人們更多的催產素，更多的腦對腦配對；就是說更多的故事。

人的故事一出現，就會發生好事。相反的，沒有故事的人只能消失。對於古羅馬的罪犯來說，比死刑更殘酷的懲罰是*damnatio memoriae*，意思是「記憶抹殺」；這個人留下的所有痕跡將被一律抹除，甚至從雕像上削去他們的臉。[12]更近的例子是前蘇聯，政府例行地修改歷史書籍，讓不受政府歡迎的人士的事蹟從人們的記憶中蒸發，就像讓他們在物理上消失一樣。

正如每個暴君都知道的，「去人性化」（社會科學家有時稱之為「去個體性」）的結果會摧毀人的同理心與憐憫，使得最可怖的暴行可能發生。史達林有句名言，「一個人的死，是悲劇；幾千個人死，就是統計數字了。」[13]殺一個人的下場是坐牢；但殺死幾百萬的人可以去雅爾達。他系統性地滅絕了一整個階級的人，即被稱為古拉克斯（Kulaks）的擁有土地的富農。根據史丹佛歷史學者諾曼·內馬克（Norman Naimark）的說法，這場大規模的謀殺是先從一場去人性化運動開始，在這種運動中，古拉克斯被描繪成「『豬玀』〔及〕『狗』……他們是『人渣』、『害蟲』、『髒東西』和『垃圾』……〔還有〕『禽獸不如』。」這樣的去人性化讓他們身為人的故事消失，讓他們得以成為「被清洗、摧毀、消滅」的對象。[14]數以百萬計的人被殺，因為這樣蘇維埃政權就能夠占領他們的土地。

同樣的，納粹抹滅猶太人的人性故事使得大屠殺得以發生。一九四〇年，納粹宣傳部部長約瑟夫・戈培爾（Joseph Goebbels）將猶太人類比為老鼠。[15]他為德國人拍攝的最知名電影刻意聚焦老鼠的影像，此時旁白者宣稱：「老鼠出現的地方，就會破壞人類的貨物及食品，帶來破壞。牠們透過這種方式散播疾病、瘟疫、痲瘋病、傷寒、霍亂、痢疾等。牠們狡詐、懦弱無能、鐵石心腸，總是成群結隊。在動物中，老鼠代表陰險、暗中破壞的初級形態，就像人類之中的猶太人。」納粹將猶太人描繪成老鼠，因為他們想要消滅他們；而要這樣做，就得將他們去人性化，奪走他們的面目，以及有關他們生活、親朋好友及工作的人性故事。

同樣的事情也發生在盧安達的種族滅絕中，胡圖族人將圖西族人稱為inyenzi，意思是「蟑螂」。就像一份盧安達報紙在種族滅絕第二十週年時所說，「將圖西族人比做蟑螂，意味著幾乎沒有人會對殺戮和企圖滅絕如此邪惡、骯髒、下流的東西有絲毫的猶豫……。而最後，從政治人物到普通農民，所有胡圖族人團結起來擺脫了這群『蟑螂』，一起滅絕了他們的圖西族朋友、鄰居、同事和家人。」[16]一九九四年，百分之七十的圖西族人在一百天內，也就是將近一百萬人，被他們的鄰居們屠殺殆盡。

不是只有外國的種族屠殺狂熱者才會經歷這個過程。去人性化及去個體性是我們社會中偏狹心態、歧視以及輕蔑文化的起源。美國奴隸制以及對於美洲原住民的不當對待就是這樣的故事。今天，在一個較小規模上，當領導人對移民、窮人或僅僅是另一政治陣營者展現出輕蔑的態度時，他們的用字遣詞就展現出去人性化的特色。

留意日常生活中的去人性化現象，你將開始發現它的存在。例如，也許你喜愛的報紙上的專家就把某些人稱為豬。關鍵是透過去人性化來摧毀你對於他或她所嘲弄對象的同理心。也許那看起來沒什麼大不了，但是有人正在操弄你去恨你的人類同胞。

當個人因為人性故事被奪走而失去個體性時，他們可能會受到糟糕的對待。那已經夠糟了，然而，真正陰險的事情是：當我們允許**自己**的個體性讓人剝奪時，我們的行為也很糟。當正派的人被捲入一群憤怒的烏合之眾時，往往就會看到這樣的效應出現。這不僅限於暴動或暴力示威，群眾叫囂著要演講者滾下台的校園演講或市政廳的政治集會也包括在內。

匿名性的道德危機

法國心理學家古斯塔夫・勒龐（Gustave Le Bon）是研究去個體性群眾心理的世界頂尖專家。在他一八九五年出版的權威著作《烏合之眾：大眾心理研究》（*The Crowd: A Study of the Popular Mind*）中，他指出個人在群眾中的行為與獨處時不同。[17]當你和人們一對一相處時，人們大多表現得正派、人性，但是當你將人們放入群眾中時，他們可以變臉得相當快速。勒龐發現，群眾的認知能力與道德門檻往往較低。他主張，群眾天生就「意見一致、情緒化，而且智力薄弱。」[18]想像一下群眾就有點像個大塊頭、正在發脾氣的醉漢。為了你自身的安全，採取適當行動吧。

大量研究證實，去個體性會降低對不道德行為的抑制力。在我喜愛的一個研究中，研究者為參與萬聖節「不給糖就搗蛋」遊戲的人準備了一盆糖果，告訴他們只能拿一個，然後讓他們自己待著。[19]有些孩子待在匿名的小團體裡，其他人則自己待著。當孩子們屬於一個團體時，有百分之六十的人拿走一個以上的糖果。當讓他們自己待著但研究者不問他們的名字時，有百分之二十的人作弊。但是，當讓他們獨處並且問他們的名字時，只有百分之十的人拿走超過自己被分配數量的糖果。

其他研究顯示，甚至只是匿名性的**錯覺**都能降低人們從事不誠實行為的抑制力。一個實驗發現處在光線稍暗房間內的學生，作弊人數比待在明亮房間裡的學生更多。另一個研究則發現，戴墨鏡的實驗參與者比戴透明鏡片的人表現得更自私。[20] 難怪《新約聖經》要警告我們：「凡作惡的便恨光，並不來就光，恐怕他的行為受責備。但行真理的必來就光，要顯明他所行的是靠神而行。」[21]

我經常思考，當人們開車時、當他們被包圍在車子裡並因此享受匿名性時，他們的行為和走在街道上時的行為是如此的不同。想像一下，如果在人行道上一個行人無意間擋住了你的去路，他會說抱歉，而你會說：「沒事，祝你愉快。」但是如果在車上，你可能會按喇叭並對他比中指。我想像如果每個人都必須要有一張寫著他或她名字的保險桿貼紙，那該有多棒（如果再加上她或他聚會的教會或喜歡的慈善組織的名字，那就更好了）。相較於某個不知道姓名的傢伙，我被來自聖母受難教會的賴瑞·瓊斯比中指的可能性小多了。

我開始注意到，當我處於匿名時，我的行為不同於當人們認識我或知道關於我的某些事的時候。最有趣的例子之一是，我最近注意到，即使人們對我的認識是錯誤的，我的行為仍然產生了很大的變化。

幾年前，我到楊百翰大學做了一場客座演講。楊百翰大學是耶穌基督後期聖徒教會（非正式名稱是摩門教）的一流大學。我喜歡造訪楊大，因為那裡的人總是十分和善；他們也很慷慨，經常讓我帶著一堆給全家人的品牌紀念品回家，像是T恤、帽T、帽子、馬克杯，你想得到的都有。（他們很擅長置入性行銷。）在這次特別的旅行中，他們送了我一個非常棒的禮物，一個義大利公事包，正面飾有楊大校名的紋章。當我回到家時，我把這個公事包秀給我的妻子看，說這是多麼討人喜歡的禮物啊。接著我就迅速把它收到櫥櫃裡，然後忘得一乾二淨，因為我已經有一個公事包了。

幾個月過去了，一天，我日常使用公事包的提把忽然壞了。我很惱火，就跟伊絲特抱怨那個公事包粗製濫造。她回答我，「咦，你為什麼不去櫥櫃裡把那個楊大的公事包拿出來呢？」我猶豫了一下。她笑了笑，問我，「怎麼啦？你是擔心別人會認為你是個摩門教徒？」我告訴她不是，但是我們是天主教徒，這樣感覺有點像是不實廣告。她對我的藉口並不買單。「你知道嗎？」她問，「我想你是**擔心**人們會認為你是個摩門教徒。」

有個老笑話是這樣說的：「我老婆說我一心只想著復仇，但我說……我們就走著瞧吧。」既然我的生活似乎是由一連串老哏構成，那麼針對我老婆的這個公事包挑戰，我只能說：「我們就走著瞧吧。」於是我走到櫥櫃那裡拿出了我的楊大公事包，把我的東西裝進去，然後開始拎著它趴趴走。

我常旅行，在機場花上很多時間。我很快注意到，人們會看著我的公事包然後再看看我，我可以看出他們正在綜合所得到的訊息進行推論，他們可能心想，「真是個怪裡怪氣的傢伙，看看他一身的行頭，花俏的襪子、細細的領帶、亮橘色手錶，竟然還拎著楊大的公事包。我長眼也沒見過一個老嬉皮摩門教徒。」起初我覺得這有點好笑，但我發現這對我的行為產生了影響。當人們開始把我誤認為後期聖徒時，我也開始表現出我以為摩門教徒該有的樣子了。我會表現得更開心，並且比平常更有禮貌，幫人們提行李、把排到的位子讓給別人，總體上就是一個友善的人。當我在售票處買完票時，我會微笑著說：「祝你有個愉快的一天。」就像我在一部電影裡軋了一個叫做「摩門教傢伙」的小角色一樣。

我不只行為變得更好，我還開始停止做某些事情。有一次在旅途中，我正要走進一家機場的星巴克，突然我記起來，摩門教徒是不應該喝咖啡的。我想像一個宗教懷疑論者會看著我放下我的楊大公事包，為我的特大杯拿鐵付錢，然後回家時告訴他的妻子，「你知道嗎，那些摩門教徒根本就是一群偽君子。我在機場看到他們之中的一個傢伙拿著一杯星巴克拿鐵。我就知道！當他們以為沒有人會注意時，他們就會跟我們其他人一樣喝咖啡了！」我可不想要這種事情發生。我必須保護他們的名聲。我喝咖啡，他們不喝；我提著他們的公事包，所以我不喝咖啡！

我的公事包訴說了一個故事，這個故事讓我無法維持匿名狀態。的確，它說的故事並不是我真的故事，然而它還是將我人性化了，並且因此改善了我的行為。

在網路上做自己

在勒龐的時代，群眾是一種物理現象。但這不再是必然的了。今天，負面去個體性的最顯著例子是出現在社交媒體上，在這裡，人被剝除了故事，惡劣行為占上風。對新手而言，像推特這樣的網站遮蓋了我們完整的人性故事，除去了細微的差異與脈絡。當故事被濃縮成僅僅兩百八十個字元時，我們就會對別人輕易下結論，訴諸人身攻擊，並像群暴民般攻擊個人。然而，社交媒體不只將我們的故事縮短了；透過促進虛擬世界中的匿名性，它也讓我們可以表現得好像別人對我們的故事完全一無所知。

網際網路的本質就是由數十億人所構成的一群虛擬群眾。當人們融入這個虛擬社群中成為匿名的一員時，他們往往會做出可憎的行為，任何上過推特或是曾經閱讀過重要報紙評論欄的人都可證實這件事。讀一篇標題為〈我愛小狗〉的文章吧，這篇故事的第四個匿名評論也許就是低俗、種族主義或仇恨的言論。

此外，社交媒體上的虛擬群眾不像物理性的群眾，他們可以無遠弗屆。透過你的電腦或手機，不管上哪，個體性的烏合之眾都能把你肉搜出來。結果，社交媒體的興起提升了我們表達輕蔑以及尖酸刻薄的能力，也讓我們做為去個體性的弱智大眾得以用驚人的效率行動。

在你想說這沒什麼害處前，先看看一篇二〇一四年發表於學術期刊《個性及個體差異》（*Personality and Individual Differences*）的文章吧，標題是〈酸民只想找樂子〉（Trolls just Want to Have Fun）。[22]三位加拿大心理學者發現習慣性網路評論行為與危險的人格病態具有強烈相關性。在網上發表評論的總時間與施虐狂、心理病態及馬基維利主義呈正相關。對那些特別喜歡「發酸文」的人，也就是匿名發表一些負面、破壞性評論的人尤其是如此。那些將發文列為最喜愛活動的人，在這些令人反感的心理學測量中得分最高。

有關網路匿名性的證據令人擔憂，儘管匿名性也有其實際用處。當你與人第一次約會時，順便問一句：「你在推特上有匿名帳號嗎？」如果對方的答案是肯定的，就回絕第二次約會的邀請吧。因為他或她表現出自戀主義社會病態特質的可能性高於平均，他們的同理心程度也較低，這不是你想要的孩子父母會有的人格特質。

我個人的看法是，在網路上匿名是種不良的行為，私人公司或個人應該採取積極行動加以阻止。社交媒體公司從基本企業責任及終極的自我保護需求（以免其平台環境日益惡化）的角度，都應該要求使用者提出真實身分證明才能註冊帳號並發布貼文。

對於身為個人的我們來說，如果問題是網路的去個體性，那麼解決辦法就是**再**個體化（reindividuation）。如果你和我一樣對於公共言論的粗鄙感到震驚，那麼請離開憤怒的群動，重新找回屬於你個人的故事。斷然拒絕匿名性，在網路上做自己。今天就請你許下承諾，再也不要以匿名的身分發表任何連問。

當你拒絕自己匿名時，也請許下承諾，不要與匿名身分在網路上活動的人交往。社交媒體公司或許會採取正確行動，並要求人們在參與網路活動前揭露自己的身分，也或許不會，但即便他們不這樣做，你都不需要和躲在匿名性背後的人往來。永遠不要在推特上和代號中有政治人物名字的人起爭執。那不是真實的人，從道德上和行為上都不是。承諾你會對匿名仇恨者視而不見。匿名性是種正在毀滅我們國家的癌症，因為它抹煞了我們透過真實人類故事來理解彼此的能力。

有些人會和我爭論，他們說匿名言論是自由社會的一個重要傳統。當暴政鷹犬會在半夜裡來敲門威脅時，匿名言論確實很重要。但是請讓我們回歸現實：我們已經極為成功地保護了美國的言論自由；社交媒體上的批評不是暴徒的人身傷害，推特也不是什麼《聯邦黨人文集》（*Federalist Papers*）。

當你反對匿名言論時，就請減少使用社交媒體。越來越多的研究顯示，你花在社交媒體上的時間越多，你就越不快樂。為什麼？我十分確定是因為我們渴望的是人性的接觸，那意味著在真實世界中分享我們共通的人性，而不是荒謬無理的匿名羞辱，以及（充其量只是）其他人生活的片段描繪。

用二十個字寫下你的故事

你可以看到，證據很清楚。雖然我們最終未必會在每個議題上達成共識，但我們仍可以互相理解。要了解他人並幫助他人理解我們，我們必須要建立人性的連結，而做到這一點的方式就是透過故事。

明白這點，對我而言並不是件容易的事。記得嗎？我可是個經濟學家。我們幾乎從不講述人性故事，而是研究數據資料，找到「經驗的規律性」，我們認為這些規律揭示了人類行為的祕密。但阻止我這樣做的並不是我有限的工具。坦白說，我對說故事這件事天生就沒有多少信任可言，因為媒體經常不誠實地用故事來剔除數據中所含的真相。

我經營一家智庫，裡面全是關心政策的專家，他們用數據來顯示什麼對人們是最好的，什麼不是。有時我們得出的結論相當違反直覺。以美國社會安全網政策的問題為例好了。多年來，我機構中的學者相信政府提供的福利體系，一直提出他們認為的壓倒性證據，證實一九六〇年代設計的社會安全網方案往往讓人們成為福利依賴者，從而傷害到那些它們想要幫助的人。我的同事們提倡其他的福利政策，以便在改善人們的謀生能力同時不產生有害的副作用。

但是，當我們的學者發表一篇敦促福利體系改革的論文時，似乎總會出現一篇有關這份研究的新聞故事，透過描繪一個可能因為這項改革而受到不利影響的人來「駁斥」這份研究。我知道這樣的故事比我們從數以千計沒有面孔的窮人身上得到的數據更有說服力。這就是一大於一千萬的經典案例。但是它也是錯的。這就像是我說，「一千萬孩子無法取得乾淨的飲用水」，而你卻反駁我，「我不同意，因為我認識一個叫喬伊的孩子，他有很多乾淨的飲用水」一樣。

我在職業生涯中有很長一段時間拒絕聽故事，因為我認為它們歪曲事實，操弄人心，甚至不誠實。故事的正確用法應該是拿來激勵我們，讓我們根據數據中的真相採取行動。喬伊的故事應該鼓勵我們去減輕他個人的苦難，並**同時**解決全世界數百萬兒童真實而急迫的困境。因此我需要做的是在我的工作中尋找故事，那些能夠幫助人們在情感上與我的分析所要揭露的真相產生連結的故事。

很好，你也許會說：「但是怎麼做？我要做些什麼，才能找到我工作中的那些故事？」對於這個問題的答案，我喜歡教宗方濟各於二〇一三年訪美時對美國天主教主教們發表的一篇布道文中的話。他告訴他們，應該成為「生活在羊的氣味中的牧者。」[23]如果你正在從事幫助他人的工作，你應該花時間和你要幫助的對象相處。如果你想要知道人們的生命故事，你要「聞起來像羊」。每當人們在說故事上遇到困難，幾乎都是因為他們距離他們的工作所要服務的對象實在太遠。

這個觀察對我產生了一個重大的影響。只是談論經濟政策、國防政策或教育政策很容易，因為某程度上遠離真實的人群。那些聽起來不錯但卻不奏效的政策，或是只滿足立意良善卻無法實際幫助人的政策，都是如此。今天，我工作中的一個固定部分就是要不斷地走入群眾，詢問他們的故事。除了其他影響之外，這樣做還讓我在政治上更獨立，對非主流的觀點也更加寬容，因為我清楚知道，當人們接觸到真實生活時，沒有人能絕對把持正確的想法。

然而我們不只需要尋找及分享其他人的故事。你和我，也需要訴說自己的故事。故事的開頭是關於你此生任務的一個小故事，也就是你所做的事情背後的**原因**，以及你相信什麼，而不只是你的政治認同，或是如種族或性別等其他的認同。可以跟我說個故事嗎？在二十秒內說明你人生的目的。十秒鐘呢？這會影響你的行為方式，也會影響別人如何對你。如果你希望你和別人之間有更多的合一，如果你希望在你和你身邊的人之中創造更多的合一，就必須以快速而令人信服的方式，自在地述說自己的故事。

這裡有個實用小技巧，你可以這樣開始：用大約二十個字以內的篇幅寫下你的故事。聽起來不可能，對吧？有個傳說是偉大的小說家海明威和他的朋友打賭，他可以用六個英文單字寫出一個完整的故事。他的朋友賭了，因為他知道沒有人能夠用六個單字的篇幅寫一個有感情或有意義的故事。海明威拿出一張紙，寫下來這六個英文單字：

For Sale: baby shoes, never worn（售：嬰兒鞋，全新。）

也許不是人人都是海明威，但我們還是可以用簡潔的方式說一個關於自己的故事。所以，請放下這本書，用二十個單字寫下你的故事。這樣做可以讓你和他人產生連結。

一旦你用二十個單字寫出了你自己能夠理解的故事，那就開始和人分享吧，這樣他們就能理解**你**。

順道一提，想知道我的故事嗎？「一個幸運的男人，致力於提升及團結他人。」

還有，不要敲牛鈴。

第7章 我們的問題是競爭嗎？

當他們禁了躲避球，我開始懷疑美國的競爭精神出了問題。

二〇一三年三月，新罕布夏州溫漢市的校董會以四比一的票數禁止在學校進行躲避球運動。[1]在全國各地的學區也已經禁止躲避球。溫漢市學校董事會的副主席在解釋這項決定時提到了桑迪胡克（Sandy Hook）小學槍擊案悲劇的背景，他說：「我們生活在一個有二十名孩童遭到屠殺的世界。我們需要將暴力逐出校園，而不是教導暴力。」[2]

事實上，躲避球（對那些小時候沒玩過躲避球樂趣的讀者，躲避球是用力將球砸向其他孩子好讓他們「淘汰出局」的一種遊戲）是我堪稱愉快童年中最不堪回首的回憶之一。還記得四年級的時候，有個叫做唐納德的小孩用他邪惡的手臂一遍又一遍地將球往我臉上砸並且得分。體育老師是個以整人為樂的討厭鬼，他慫恿唐納德這麼做。我不恨他們。

離題了。對我而言，對躲避球的攻擊似乎是基於形而上而非實用的考量，尤其是考慮到一九九二年時，一篇發表在《體育、娛樂及舞蹈學刊》（*Journal of Physical Education, Recreation & Dance*）上題為〈體育的恥辱殿〉（The Physical Education Hall of Shame）的文章開始吹起反躲避球風潮，它將躲避球和其他的競爭性遊戲，如面對面衝撞、抓人或抓鬼，以及大風吹（我沒騙你）列為應加以剷除的遊戲。[3] 禁玩躲避球屬於一股更大的反對風潮，這股風潮反對所有正面交鋒的競爭性活動。

當然，競爭性遊戲有害的想法來自對於傷害兒童自尊的憂慮，然而還有另一層動機你也許會同意：想要教導合作。人們普遍相信，當人們競爭時，彼此間會產生不必要的敵意，從而阻礙合作的情操以及技巧的發展。這讓年輕人將世界看成「兩個敵對陣營」，而這會帶來所有我們希望避免的衝突。根據印度哲學家克里希那穆提（Jiddu Krishnamurti）的說法，「競爭精神止息，才能有真正的學習。」[4]

這一切都根植於一些對你而言可能是最直觀的事實：競爭也許在許多領域中是不可避免的，但是競爭從來就不是最佳的解決方案。和諧合作該是我們彼此往來的真正目的。正如教宗方濟各於二〇一七年在羅馬的一次布道中所說，「聖餐必須戰勝競爭。」[5]

在觀念的世界中，這是再真實不過的事了。如果要愛我們的敵人，合作——而非競爭——不應該是我們的目的嗎？

競爭的三個真理

在菁英國際賽事中，女子曲棍球是個相當新的運動。它在一九九八年冬季奧運時才首次成為比賽項目。但自從女子曲棍球加入後，有兩支隊伍一直稱霸這項運動，就是美國和加拿大。事實上，自從該項運動在每四年一次的奧林匹克運動會首次亮相後，每一屆的奧運會都是這兩支隊伍在爭奪金牌。加拿大贏得了四次金牌；美國兩次。同樣的，自從一九九〇年起，每一屆的世界錦標盃也都是這兩支隊伍較勁（加拿大贏得了十次，美國八次）。如果你是美國或加拿大女子曲棍球的粉絲，這很棒不是嗎？錯了。一點都不棒，簡直是無聊透頂。想想看：

誰想看只有兩隻隊伍在競爭的運動聯賽？在二〇一〇年的溫哥華冬季奧運上，光美國和加拿大兩隊與所有其他國家的總得分比數為八十八比四。觀看加拿大以十八比零的比數痛宰斯洛伐克，美國以十三比零比數殲滅俄羅斯的比賽，令人覺得可憐。有些人會開始有疑問，一個只由兩個國家稱霸的運動為何會成為奧運的比賽項目。國際奧委會主席札克・羅格（Jacques Rogge）宣布，如果其他國家「沒有進步，我們就無法繼續」。[6]缺乏嚴肅的競爭讓這項運動面臨了生存的威脅。

幸運的是，在二〇一八年的平壤冬奧，北美洲與世界其他地區的差距開始縮小。美國與加拿大仍稱霸賽場，但他們與對手們的總得分比數已拉近為更具競爭性的三十五比十。美國只以五分之差擊敗俄羅斯，而不是十三分的巨大差距。沒有一支隊伍在單場比賽中射入超過八個進球。此一可觀進展讓冰上曲棍球協會（Ice Hockey Federation）宣布建議二〇二二年的北京冬奧參賽隊伍由八支增加至十支。

很弔詭，不是嗎？我們希望自己的隊伍贏，所以應該希望沒什麼像樣的競爭，這樣才合理。但我們並不這麼想，因為我們希望自己這一方擊敗的是**值得尊敬的對手**。為什麼？因為只有在面對高水準的競爭對手時，隊伍才能展現出它的卓越實力。唯有競爭激烈，人們才會有興趣觀看比賽。

這引導我們認識競爭的第一個真理：它能培養並維持卓越。這就是為什麼偉大的競爭者總是尋找、甚至要求值得尊敬的對手。正是因為雙方都很卓越，才讓競爭變得激烈且引人入勝，甚至產生一種美。（我的繼父是個狂熱的自行車迷，他在觀看環法自行車賽的一個賽程結束時啜泣起來，勝負僅在分毫之間，漂亮極了。）

擁抱激烈的競爭意味著我們希望不擇手段地贏得勝利嗎？一點也不。以皇家馬德里和巴塞隆納為例，這兩個世界上最偉大的足球俱樂部從一九三〇年代起就是宿敵。它們的比賽是世界上最多人關注的例行運動賽事；每當它們比賽，整個西班牙和拉丁美洲（以及美國馬里蘭州我家）的生活幾乎停擺。每個足球迷對這兩支隊伍間的競爭都有自己的看法，在一個被分離主義撕裂，並在政治壓迫歷史中苦苦掙扎的國家，這競爭具有強烈的政治色彩。每個俱樂部的球迷都願意花大筆錢去看自己支持的球隊贏得勝利。但如果巴塞隆納的球星因膝傷下場，他們會怎麼樣？馬德里的球迷會因為他受傷導致整個球季報銷而歡呼嗎？不會，他們多半會沉默不語。為什麼？因為馬德里的球迷希望他們支持的隊伍是因為卓越的表現而擊敗巴塞隆納，而不是因為傷病，反之亦然。他們不希望讓人們留下究竟哪支隊伍更好的疑問。

我們更不希望自己支持的隊伍透過作弊而贏得比賽。如果紐約洋基隊在波士頓紅襪隊前往洋基球場的路上蓄意破壞了他們乘坐的巴士，那麼贏球對真正的洋基球迷來說將毫無驕傲或樂趣可言。原因是，這正和真正的競爭背道而馳；這種做法是在封閉競爭。真正的競爭必須要遵守遊戲規則，公平競爭，目標是在符合遊戲規則的條件下贏得勝利。破壞規則、封閉競爭讓勝利失去了正當性，也會剝奪我們享受卓越所帶來的樂趣。

二〇一四年索契冬季奧運會後，運動迷得知俄羅斯涉入奧運會官員聲稱的「針對反興奮劑規則的系統性操控」[7]時，他們群情激憤。事實證明，俄國聯邦安全局（FSB，前身為蘇聯時期的國家安全委員會（KGB））在儲存運動員尿液檢體的儲藏室旁蓋了間祕密實驗室。他們透過牆上的一個隱藏小洞傳遞尿液樣本，俄羅斯間諜拿到有特殊防破壞瓶蓋的尿液瓶後，設法在不破壞瓶蓋的情況下，用未受污染的尿液替換受到污染的樣本。大約有一百瓶受污染樣本就這樣「被消失」了。根據國際奧委會的統計，在俄羅斯贏得的三十三面獎牌中，有三分之一是頒發給尿液樣本經過淨化處理的運動員。結果呢？整個俄羅斯代表隊被禁止參加二〇一八年舉辦的平壤冬季奧運會。我認識的每個人都認為這樣做是應該的。

沒有什麼比作弊醜聞更令運動迷感到厭惡，儘管蘇聯解體後的政客們顯然不這麼想。耐吉公司用「做就對了」（Just do it）這句經典口號賣鞋子，而不是用「作弊就贏了」（Cheat to win），是有原因的。

競爭要求自願合作遵守規則

當一支隊伍被控違反規則時，競爭隊伍的粉絲都會義憤填膺。二〇一五年時我們就見識到對於新英格蘭愛國者隊的大量尖銳批評。這支隊伍被控在美式足球美國聯會冠軍賽（AFC Championship Game）時，為了戰勝印城小馬隊而將足球放氣；在這場比賽中，愛國者隊以四十五比七贏得勝利。他們因為這個聲稱的詭計受到迅速而猛烈的批評。《印城星報》（*Indianapolis Star*）宣布：「**教訓是：作弊者確實會贏。**」[8]《紐約郵報》（*New York Post*）則大聲宣揚：「**破壞、扭曲規則是愛國者隊的贏球方式。**」[9]

然而，觀察一下愛國者隊球迷為他們的隊伍所做的辯護吧。沒有人說，「嘿！笨蛋們，我們作弊而且贏了。所以我們是真正的贏家！」他們只是跟隨著球隊老闆羅伯特·克拉夫特（Robert Kraft）的暗示，激烈否認曾有任何作弊行為，並對任何這樣指控他們心愛隊伍的人感到憤怒。[10]沒有人喜歡作弊的人。也許更重要的是，沒有人想被認為是作弊。我們因此得出了關於競爭的第二個真理：競爭需要規則才能夠順利運作。明確而公正的運動規則提供了所需的框架，並維持比賽的公平性。這麼說來，破壞規則就等同於選擇**不參加競爭**。

然而，即便規則提供了框架以及公平的競爭場域，但規則無法自我執行。這意味著，以規則為基礎的競爭首先要求依照自願同意的原則而團結一致。紅襪隊及洋基隊的球迷對許多事情的看法並不相同，尤其是喝了幾瓶啤酒之後，但是他們會告訴你投入中場的球是安打，投入觀眾席的球是壞球，球投中打者的頭時會被判出場。如果洋基隊自己用一套規則，但是對他們的對手卻執行另一套規則，那就不可能有真正的競爭。如果洋基隊經理主張在洋基球場中，地主隊一局可以有四次出局機會，那麼即使是最狂熱的洋基球迷也會說他瘋了。

這就是關於競爭的第三個真理：真正的競爭要求自願合作遵守規則。相互同意（並執行）的規則和原則賦予競爭過程的正當性，防止我們陷入天下大亂。

在相互同意的界線內競爭還有另一個重要的目的，那就是讓我們因為那些我們共同欣賞並在乎的事物——運動的美感與刺激性、世界級運動員的堅持卓越，以及光明正大贏得比賽所帶來的成就感——而緊密結合在一起。我愛西雅圖海鷹隊，因為我在西雅圖長大。我兒子則是華盛頓紅人隊的死忠球迷，因為他在華盛頓特區外長大。我們觀看這兩支隊伍比賽時，都希望自己支持的隊伍能贏。但我們都喜愛競爭，一起看比賽讓我們的父子關係更親密。注意，運動迷會彼此吸引，甚至非運動迷也會將運動當成和陌生人聊天的話題。當我參加由我妻子和她朋友發起的晚餐聚會時，我不認識妻子朋友的丈夫們，而我發現自己經常聊到運動。不是因為足球是我最關心的事，事實上，當我聽到自己正在說著類似「羅素．威爾森今年看起來很強」這種話時，我簡直不敢置信。但我只是希望在那些要花數小時相處的人身上找到共通點而已。

這就是關於競爭的第四個真理：恰當地理解並實踐競爭，可以將人們聯繫在一起。

讓我們簡單摘要幾個從運動世界中學到的競爭原則做結論：

- 競爭可以培養卓越。因此，為了維持卓越表現並保持運動迷們的興趣，隊伍必須面對有實力的競爭對手。
- 在體育運動中，真正的競爭必須遵守規則。因此作弊取勝不是一種競爭形式，而是**封閉**競爭的方式。
- 相互認可並服從規則是種合作形式。透過這種方式，競爭及合作是共生而非互斥。
- 遵守前三個真理的體育競爭可以透過欽佩卓越體能的表現、自願同意規則，以及觀賞賽事的共同經驗使人們達成合一。

沒有競爭，沒有進步

在運動世界中，競爭是件很棒的事，這是很清楚的。那麼在經濟學的世界中呢？對很多人來說，這個問題就比較難想清楚了。許多人反對認為經濟競爭是好事，因為，嗯，它感覺有點太像躲避球了。合作不是比較好嗎？

一九八〇年代時，速食連鎖店溫蒂漢堡曾播放過一個著名的電視廣告，場景是前蘇聯的一場時裝秀。[11]當時裝秀主持人以濃重的俄國口音宣布「日常服！」時，一位俄羅斯婦女穿著一件用單調的無產階級布料做成的洋裝，昂首闊步走過伸展台。「非常好，」司儀說。接著呢？「晚裝！」同一名婦女又穿著一模一樣的洋裝昂首闊步地走過伸展台，但這次她拿了支手電筒。游泳衣呢？同樣的婦女、同樣的洋裝，只是這次抱著一個海灘球。廣告標語是：「沒有選擇，沒有樂趣。」

這不只是個聰明的廣告而已。在經濟學上，競爭為消費者帶來更高的品質與更低廉的價格。每個人都知道這點，這也是我們為何要打破壟斷及禁止勾串的原因。儘管這對這本書的讀者都再明顯不過，但是對僅僅幾世紀前的人來說，這一點也不顯而易見。隨著公司在相對自由的市場中為爭奪消費者而在品質及價格上競爭，自由企業的文化革命將這個洞見帶到世界各地，尤其是在美國的人。這種競爭大幅提高了生活水準，並保證普通人也有出人頭地的能力。

所有政治派別的經濟學家都發現，受到適當限制的經濟競爭（稍後將詳細說明）導致了一九七〇年代開始大爆發的全球榮景。確實，世界上生活在飢餓水準中的貧窮人口比例在過去的五十年裡持續下降了超過五分之四。[12] 拜自由企業的全球普及之賜，有二十億人脫離了赤貧的困境。沒有其他經濟體系的成就堪與此紀錄相比。這不是一個政治聲明，恰恰相反。二〇一五年，我和歐巴馬總統在喬治城大學一起進行了一場公開討論，正如這位公開的進步分子所言，「自由市場是史上最偉大的財富創造者，它讓數十億的人脫離了貧窮。」[13]

我們再次發現，競爭帶來所有這些益處的第一項原因，就是它可以激勵卓越表現。也許你也像我一樣是蘋果電腦的用戶。蘋果電腦是漂亮且運作良好的產品。我在蘋果筆電上寫這本書，我可以在任何地方寫作，無論是飛機上、咖啡館，還是坐在我的辦公室裡。

是什麼讓蘋果的產品年復一年都有如此優秀的表現？市場競爭，當然。蘋果有許許多多的競爭者，他們都希望人們都像我一樣成為他們產品的忠實客戶。他們維持我忠誠度的方式是結合高品質及非凡創新，使我的生活每天都變得更輕鬆。蘋果希望擊敗競爭對手，推出人們喜愛的產品，成為一家業績蒸蒸日上的偉大公司。

這並不只是錢問題而已。當被問到關於他競爭對手的問題時，蘋果執行長提姆．庫克是這樣說的：「老實說，我們會和每個人競爭。我熱愛競爭。只有人們發明自己的東西，我就熱愛競爭。」[14]

我相信他是認真的。你也可以對此抱持懷疑態度。但我不會。在我工作的行業裡，我會見到許多大公司的領導人，他們幾乎都是這麼說的。他們**熱愛**競爭，因為他們喜歡不斷改善、喜歡贏過那些有實力的市場競爭者。他們熱愛贏得勝利。所以也許你會以為在可口可樂企業總部的深處，人們正在計畫著摧毀百事可樂的陰謀，但真相是，他們知道是百事可樂讓他們兢兢業業，不敢鬆懈。如果百事可樂垮了，也許他們的市場份額會暫時增加，但是長遠而言，這會讓他們變弱。如果他們推出一個廣告說百事可樂會毒害你，那也許會讓數百萬的人，像我一樣分不清百事可樂和可口可樂差別的人，也拒喝他們的產品。每個企業執行長都熱愛競爭嗎？不是，只有那些自己就是偉大競爭者的人才會熱愛競爭。痛恨競爭的是那些平庸的領導者、平庸的公司，他們更喜歡在不用改善的情況下得過且過。這些人會試圖扭曲規則為自己謀取好處，鑽稅務制度的漏洞，或從事違法行為。

就像運動一樣，自由市場競爭也要求規則，這樣競爭者才不會互相占便宜。企業用人唯親、壟斷、腐敗，讓我們義憤填膺。我們透過法律來規範這些事情（雖然比起我們應做的，我們做得仍不夠好），遊戲才不會總是往肥貓傾斜，卻不利於消費者和較小的競爭者。我們直覺知道，當大型企業遊說通過有利於他們卻傷害其小型競爭者的法規時，當企業執行者賄賂政府官員，或是一家公司徹底支配整個產業，讓其他競爭者無法進入時，**這不是競爭**。這是在**關閉競爭**。

此外，人們在經濟中相信並且普遍遵守公平競爭的規則，這個事實透露出合作的重要性，而且是一種非常具有美國特色的競爭。俄國有句老話是這麼說的：「如果你繳稅，你就是在欺騙你的家人。」但人們不可能想像這種說法會出現在美國。我知道很多美國人都認為個人或公司的稅率實在太高了，但我沒有認識一個人會認為逃稅是體面而道德的行為。我很清楚作弊在美國是存在的，但即使當人們鑽規則漏洞時，他們一般也都會為自己的行為找藉口或是不讓人知道，尤其是面對他們尊敬的人時。正如一位性工作者曾自豪地告訴《紐約時報雜誌》（New York Times Magazine），「脫衣舞孃也繳稅。」[15]

明白經濟競爭的好處及接受公平競爭的規則，產生的連鎖效應是美國人普遍信賴並欽佩透過正當手段贏得成功的人，甚至是那些有錢人。正如皮尤研究中心（Pew Research Center）在二〇一三年的一項民意調查中發現，百分之八十八的美國人說他們欽佩勤勉致富者。[16]確實，美國人幾乎普遍欽佩那些透過努力工作而獲得成功的人，這一點讓美國有別於大多數其他國家。雖然這一點也不令人驚訝：百分之七十三的美國人認為只有努力工作才能出人頭地，高出全球中位數二十三個百分點。[17]

不同階級的人能夠懷著共同的國家目標而生活在一起，因此免於長久以來及現今仍在世界許多地方看到的階級暴力的現實威脅，這是一項了不起的歷史成就。一八三五年時，托克維爾在評論美國人對富人的態度時曾這樣觀察，「在美國，人們並不憎恨社會的上層階級。」以及，「他們不懼怕偉大的天才。」[18]自從《論美國的民主》（*Democracy in America*）出版後已過了近兩百年，美國正如托克維爾所描述，始終能夠避免那種「激起下層階級……對抗上層階級的嫉妒。」[19]

美國人**真正**厭惡的不是他人的發達興盛，而是他們是靠著**鑽體系的漏洞**而成功。這一點進一步證明（正如我們理解的），真正的競爭需要遵守公平競爭的遊戲規則。

敵人也是幫助者

經濟競爭應該有哪些規則？這就是事情開始變得複雜的地方。有些人認為應該要有強有力的規則，通過許多的法規與法律，即使這會付出高昂成本。其他人則較喜歡點到為止，更多地依賴私人的道德自律，即使這意味著可能縱放一些違規行為。但我們對於經濟競爭規則的細節（而不是要緊的部分）沒有共識，這個事實所構成的現實引導我想出最重要也是最有益處的競爭為何，那就是「理念的競爭」。理念之爭意味著在各種議題上擁有不同的觀點，以一種富有活力但尊重而民主的方式在思想的場域中競爭。

我知道這想法對一些人來說仍然難以接受，因為，嘿，如果我是對的，你是錯的，我們就不需要對一個議題兩面並陳了，對嗎？這基本上就總結了今日美國的政治話語。

但這是錯的。一八四八年，當約翰・斯圖爾特・彌爾（John Stuart Mill）撰寫他的《政治經濟學原則》（*Principles of Political Economy*）時對此做出了最好的說明，「再怎樣高估都不為過的價值……是讓人們接觸和自己不同的人以及自己不熟悉的思想、行動……這類溝通始終是進步的主要來源，於今猶是。」[20]在一個自由社會，新舊理念都在公共溝通的場域中互動，這使我們做為個人及一個國家能夠不斷提升。追隨彌爾的觀點，理念之爭是一種真正的道德良善。它在民主過程中創造選擇，促進政策創新，為公民不滿提供和平的發洩出口，這讓美國的自由社會變得更為強大。

換句話說，彌爾認為要想產生優秀的觀點，我們需要讓觀點彼此競爭。這就是當強大的行動者不思贏得理念之爭卻反而想要關閉競爭時，情況會如此危險的原因；包括縮窄可接受的話語範圍、鎮壓抗議、讓反對的觀點噤聲，以及聲稱那些持反對意見的人都是愚蠢或邪惡，這些都是關閉競爭的方式。

當我們看見一位二〇一六年總統候選人指控另一位候選人宣揚「一小撮偏激分子」的政策偏好，而後者的回應則是稱第一位候選人為罪犯以及「史上最差（也是最大的）輸家」[21]時，這就是我們今日的政治舞台上正在上演的劇碼。在這兩種情形中，他們都沒有針對議題討論任何實質的政策內涵，反而是透過剝奪意識形態對手（以及他或她的支持者）的正當性，將他們說成與現實脫節、離經叛道或無能來試圖關閉理念的競爭。

這種做法不僅不公，而且不智。因為有競爭才有進步。如何最好地戰勝貧窮、減少依賴，讓更多美國人有機會享有努力成功所帶來的幸福，我們需要共和和民主兩黨的人激烈辯論；如何最好地保護我們的國家安全並同時保有個人自由，我們需要保守主義與自由主義者進行有力的爭論；如何最好地改善教育，以便我們的下一代有能力追求及實現美國夢，我們需要左右兩派積極討論。

我們都想要一個更安全、更公平、更繁榮的國家，我們唯一的分歧是如何達成這個目標。我們需要一場激烈的理念之爭，讓兩邊都能完善其解決方案，並變得更具創新力，而最佳想法自然會脫穎而出。停止理念的競爭只會讓我們更難實現共同的道德目標。

理念之爭帶來的益處不僅能讓國家邁向卓越，也會影響個人的卓越表現。聖經〈箴言〉中說道：「鐵磨鐵，使鐵鋒利；人與人互相砥礪，也是如此。」[22]艾德蒙・柏克（Edmund Burke）寫到：「與我們搏鬥的人能堅強我們的心志，提升我們的技巧。我們的敵人也是我們的幫助者。」[23]現代研究證實了這個論點。正如一群賓州大學的學者們針對約一千六百名領導者進行的研究發現的，「跨越邊界」，也就是彌合意識形態的分歧，能夠幫助我們理解那些與我們意見不同者的觀點，並同時改善我們捍衛自身信念的能力。[24]

偉大的企業執行長們知道這一點。他們不會讓自己被馬屁精及唯唯諾諾的人包圍，那些人只會告訴他們本來就認為是正確的事情。即便是最好的情況，這樣的做法也會拉低表現，因為競爭的觀念變少了；這解釋了為何一份針對企業執行長的研究發現，企業執行長們的績效往往在任期進入後半段時開始下滑。因為他們開始過度依賴自己的判斷，而不是參考其他人的想法。[25] 而在最糟的情況下，這樣做會導致災難，但這些災難原可透過一些批判性的反饋避免。於是《哈佛商業評論》（*Harvard Business Review*）給出了這個簡單的建議：「雇用那些與你意見不同的人。」[26]

關閉競爭大門的殺傷力

然而，這件事不只和領導者有關。你想成為一個更有說服力的人嗎？你想確保自己的想法有充分的基礎，而不會讓你在辯論中被淘汰嗎？要做到這一點的方法**不是**待在每個人都意見一致的同溫層，在那裡你的意見不會受到挑戰，意見和你相左者被迫保持沉默；不是鎖定一個只告訴你你已經知道的事情，而把另一方都形容成惡棍或蠢貨的電視頻道；也不是讓社交媒體只餵食那些會激起你對對手憤怒的消息。這些都會讓你的觀點變得平庸無力，而不是強大可靠。

尤其重要的是，我們需要在大學（國家生產理念的地方）維持強力的競爭。這是理念競爭可以得到最大好處，也是我們最承擔不起從眾或平庸的地方，因為這是我們未來年輕領導者的養成所。

大學就像運動營隊，致力於培養世界最佳的運動員。去參觀奧運訓練中心時，你會看到什麼？運動員要面對無情的抵抗，激烈的競爭，以及幾乎難以忍受的不適。我的孩子都從事運動，他們都要面對嚴酷的訓練，身為家長，看了經常於心不忍。但是當他們贏得獎盃時，就會清楚知道有付出必有收穫的道理，就像我的女兒贏得體操冠軍，兒子在自行車賽中奪冠一樣。

競爭的回報甚至在落敗時會更清楚。我的長子不像另外兩個孩子那樣擅長運動。中學時他參加了四年的越野比賽，幾乎每次總是最後一名。在他的最後一年，他獲選為隊長，不是因為傑出技能，而是因為他超凡的決心，這也是從競爭中習得的卓越的另一面向。而他在大學入學申請書上寫到的正是他學會的這項能力。

想像一下，如果美國奧運代表隊認為團體運動有害個人自尊，為提升技能而從事的痛苦訓練造成傷害，與競爭者共處則令運動員失去安全感，那會怎麼樣？簡直荒謬可笑，我們當然會這麼認為。不幸的是，今天我們的大學裡有太多類似的情況，新一代的美國領導者被教導理念之爭是危險且不可接受；如果另一方的觀點令學生感到不舒服，那就可以關閉競爭。

這種潮流不僅違背了卓越的原則，它也公然違抗了屬於我們時代的偉大智慧與道德領悟，那就是人類多樣性**本身**即是有益的。和不同於我們的人共處會讓我們成為更好的人，而且還更有生產力，這已是一項傳統智慧。此一流行思維受到了研究的支持：大量的學術研究表明，學校和職場中的種族與性別多樣性能增進創造性思考及改善績效，而過度同質性會導致停滯以及問題解決能力的下降。[27]

然而許多學術界人士在理解及實踐真正的多樣性，也就是理念的多樣性上卻停步不前。舉例來說，在那些校園暴徒怒吼要爭議講者下台的聳人聽聞故事中，我們看見了這種對於知識多樣性以及理念之爭的敵意。我經常聽到學生和教員提出主流以外的觀點，但他們對於公開分享他們真正的想法感到不自在。正如葛瑞格・路加諾夫（Greg Lukianoff）和強納森・海德（Jonathan Haidt）在二〇一八年出版的暢銷書《為什麼我們製造出玻璃心世代？》（*The Coddling of the American Mind*）中按時序記錄的事件，我們看到，年輕的美國人學會，不必用尊重的態度聆聽那些與他們意見相左的人並與其辯論；他們學會，那些人的聲音應該被消滅並且逐出公共討論的場域（用現代學術性術語來說，就是被「剝奪舞台」。）

最近一個由六所大學的學者所組成的研究行為科學中意識形態多樣性的團隊發表了

一篇論文，刊於《行為及腦科學》（*Behavioral and Brain Sciences*）期刊，論文中詳盡描述了學術界中的政治群體思維（political groupthink），其程度令人震驚。舉例來說，作者們指出學術界中每有一個政治上持保守立場的社會心理學者，就有十四個持自由主義立場的社會心理學者。[28] 表面上看來這不是什麼問題，直到你開始想到，在它引用的一份調查中，百分之八十二的社會心理學者承認，在同等資歷的情形下，相較於自由派學者，他們較不可能支持雇用一位保守派學者。[29]

不公平？是不公平。但是我們再一次看到，關閉競爭有一個更危險的影響是會損及卓越表現。正如前面那份研究的作者們寫到，「政治多樣性的增加會透過減少諸如確認性偏見等偏見機制的影響而改善社會心理科學，同時透過對少數異議分子的賦權改善多數人的思考品質。」這篇研究的作者之一是任教於賓州大學的菲利浦・E・泰特洛克（Philip E. Tetlock），他對我說得更直截了當。他說，期待一個「意識形態上近親雜交的社群」能對政治敏感性議題得出值得信任的結果，「根本就是癡心妄想」。

在大學院校校園中關閉理念競爭的這種潮流不僅有害於研究和教育，也有害於國家的團結合一，因為下個世代的領導人正在學習鄙視與排擠那些與他們意見相左者，而不是理解他們並進行交流。這不是左右之爭的問題。今天是針對政治右派的歧視，明天也可能是針對政治左派的歧視，而這同樣具有殺傷力。

在進行理念之爭之前

如果理念之爭如此重要，這是否意味著我們不該在任何事情上達成共識？不是。我們確實需要在討論的一些道德基礎上取得共識。如果紅襪隊想用更高的分數來結束比賽，而洋基隊的目標則是用更乾淨的制服來結束比賽，那這場競爭就不會有任何意義或生產性。同樣的，在進行理念之爭時，我們需要有共同的社會目標。

是哪些目標呢？且讓我對今天的政治與政策提出點建議。

根據美國開國元勳們的看法，美國大計的道德核心是我們都在嘗試為所有人建立一個公平、自由、機會無窮的社會，尤其是為那些在其他地方無法享受到這些事物的人。這個目標是要讓我們每一個人，包括最脆弱的人，都能盡可能地過著最幸福的生活。

在約翰．亞當斯的〈政府論〉（Thoughts on Government）中，他主張「社會的幸福即是政府的終結。」因此，他也主張：「最好的政府形式，就是在最大程度上將安逸、舒適、安全，或者一言以蔽之，幸福，傳遞給最大多數人的政府。」[30]為了達成這個目標，正如後來恭錄於〈麻薩諸塞州憲法〉（Massachusetts Constitution）的亞當斯名言，政府是「為了人民的公共利益、防衛、安全、繁榮及幸福而設立，不是為了任何人、家族或階級的利益、榮耀或私人興趣。」[31]

我們也許會對什麼是為大多數人創造安全、繁榮及幸福的最佳方式有不同意見，而我們也**應該**要有不同意見；我們應該為了幫助所有人建立更好生活的最佳方式展開理念的競爭。然而，要這麼做，我們就必須保持共同的目標及道德核心，才能展開一場真正的理念之爭。

當建立一個服務人人的社會的道德共識崩潰時，達成那個共識的手段也會開始彼此對撞。它們自身成為了目標，不再受到道德原則的束縛，而兩方也開始無所不用其極地想要取得勝利。當雙方像在打聖戰般地互相攻擊，領導人質疑起對方的動機，而不是他們的理念，並因此讓美國人陷入相互對抗時，那時道德共識就會破滅，也不再有任何事物可以讓我們有所依憑而展開真正的理念之爭。

聽起來很熟悉？也許就像今天的政治及政策辯論？這些辯論是如此水火不融，以至於我們願意毀掉人們的人生與名譽，只因為他們竟膽敢競選公職，或是在政府高層服務。政治與政策辯論在近幾年日趨墮落，使我想起那些不受規則和基本道德感約束的經濟活動，就像一座經濟活動被一群暴徒控制的城市。想創業嗎？我希望你不曾喜歡那些惡意中傷的下流手段。

你也許會說，總是有些壞人會有愚蠢的念頭。我同意。但是今天分站議題兩邊的美國人大多都是良善正派的人，他們都希望讓這個國家變得更好。即便有些觀點實在經不起推敲，也總是值得我們以最好的論證來認真面對，而不是報以輕蔑，如果我們的目標是要贏得那些猶豫不決者的支持，而且關心我們靈魂品質的話。

鐵磨鐵使鐵鋒利

我在本章一開始提出一個問題：沒有競爭的人生不是更美好嗎？這其實是個不相干的提問。的確，生活中有一些力量正促使我們相信競爭是危險且有害的，但如果你跟大多數美國人一樣，尤其是如果你還在閱讀這本書，你可能就不會這樣想。

過去兩個世紀以來，美國在許多方面都領導了一場哲學革命。正如我在前幾頁曾提到的，可以說，其中最偉大的一個方面就是這個普遍認識：如果競爭是由道德的人在受到適當約束的情形下進行，競爭就能激發出我們最好的一面。「世界價值觀調查」

（World Values Survey，簡稱 WVS）要求受訪者說出他們更同意下列哪一個陳述：「競爭是好的。它鼓舞人們努力工作、開發新的想法。」或是「競爭是有害的。它會激發出人性中最壞的一面。」最近一次的調查發現，回答「競爭是好的」美國人是說「競爭有害」美國人的近十倍。[32]

總會有人把這種態度當成是「虛假意識」的明證，馬克思用這個概念來解釋，為何人們會對那些阻止他們理解自己所受社會或經濟剝削的信念深信不移。但這畢竟是少數。

美國對於世界繁榮的最大貢獻，始終是在經濟與政治上擁抱競爭所產生的文化創新。在我的一生中，民主資本主義讓一個基本上陷於貧窮的世界，如今已基本上脫離貧窮。身為這個幫助提升了全世界數十億人的社會的一分子，我深感自豪。

但我**並不**自豪的是，就在這裡，就在我們的國家裡，在我們的政治、媒體及校園裡，我們越來越抵制理念的相互競爭。我們要如何解決這問題呢？我們需要能夠（在持有自己意見的同時）包容其他人也有自己意見的領袖，因為他們知道在意識形態上鐵磨鐵使鐵鋒利的道理；他們認識到，在**一切**形式中存在的多樣性正是我們力量與團結的所在。的確，這樣做還不夠。正如我從一開始就說過的，對於一個建立在競爭達至的卓越之上的偉大國家，包容與有禮的標準實在是太低了。你必須對另一方**心存感激**，正如你應該對你最喜歡的運動中有不只一支隊伍、超市裡有不只一種品牌的冰淇淋心存感激一樣。但是對於不同意你的人心存感激，聽起來很瘋狂對嗎？我不這麼認為。我曾做過數百場演講，經常問那些黨派傾向十分強烈的聽眾一個問題：你們之中有多少人希望我們生活在一個一黨專政的國家？我總是得到沒有人舉手的答案（我相信人們心裡也是這麼想）。這意味著什麼？如果你不想要生活在一個一黨專政的國家，那麼，不管你喜不喜歡，你只要告訴我，你對另一個政黨的存在心存感激就行。

這不表示你就同意另一方的看法。如果你是保守派，你就不同意其他想要增稅、增加監管、讓創造就業變得更困難，並且想要削弱我們軍隊的人。如果你是自由派，你就不同意那些想要削減社會支出、為富人減稅，並讓我們捲人外國內政的人。

但是不要把意見分歧變成不知感恩。我們生活在一個人們可以彼此意見分歧，而不須恐懼政府壓制異議的社會。身為美國人，我們已經決定要一起制定法律及社會規範來實現這個目標，因為我們認識到我們不願壓制另一方的思想，正如我們不希望他們來壓制我們的。我們對**我們的**自由心懷感激，所以也感激**他們的**自由。

這一切的競爭如何使我們的國家更加凝聚為一？為了充分實現機會平等的國家目

標，儘管我們選擇的手段是政治及行動主義的焦點，但此一目標本身（一個史上未見的奇蹟）會是由跨越不同光譜的人們共同慶祝。美國國慶應該帶給所有美國人一種美好感受，因為我們對所有同胞的根本承諾、因為銘記先祖們從無到有、在美國白手起家所帶來的自豪。不像世界上大部分地方，我們是為了讓這個國家成為對所有人而言更美好的地方而競爭。我們應喜愛這個事實：我們可以在白天彼此競爭，在晚上煙火燦爛時並肩慶祝。

為了捍衛所有人的堅持並表達他們想法的權利而奮鬥，這會帶給人一種特殊的自豪。我們唾棄世界各地的一黨專制政權，取笑古巴等地舉行的假選舉。意見不同時仍能彼此支持的美國人之間有一種特殊的連結。你最近也曾這樣嗎？如果沒有，那麼你錯過了一個快樂的泉源。如果你還不相信，試試下面的建議，看看這麼做讓你感覺如何。為與你意見不同的人辯護，只因為他或她也有表達意見的權利，也有得到聽眾的權利。注意，你的心會因此火熱起來。因為這是道德正確的行為，而你的心明白這點。

現在請你一直做下去。

第8章 請不要同意我

暱稱羅比的羅伯・喬治（Robert "Robby" George）和康諾・韋斯特（Cornel West）都是普林斯頓大學的教授，也都因他們對政治哲學領域的貢獻而全球知名。但他們兩人的相似處僅到此為止。

喬治是美國最知名的保守派基督徒知識分子之一。身為一名虔誠的天主教徒，他寫了許多反對同性婚姻以及「自由世俗主義教條」的書籍。他起草〈曼哈頓宣言〉（Manhattan Declaration），數十位基督教領袖在這份宣言上簽名，承諾抵制任何「強迫我們的組織參與墮胎、破壞胚胎研究、協助自殺及安樂死……或強迫我們為不道德的性伴侶關係祝福，將它們視為婚姻或婚姻的等同形式，或克制自己不去宣揚我們所知的關於道德與不道德、婚姻及家庭的真理」的努力。[1]也許不意外的是，他也是名共和黨員。

康諾・韋斯特則是羅比・喬治的意識形態對立面，他是美國最傑出的進步思想家之一。身為宗教及非裔美人研究的教授，他是「美國民主社會主義者」（Democratic Socialists of America）組織的榮譽主席，自稱為反帝國主義者、「利潤驅動的資本主義暴行」的死敵。他也是巴拉克・歐巴馬總統最嚴厲的批評者之一，因為歐巴馬是「華爾街寡頭的黑色吉祥物，企業財閥的黑色魁儡」[2]，他說。韋斯特曾在二〇一六年支持伯尼・桑德斯出馬競選總統。他因曾發行嘻哈及說唱音樂專輯而廣為人知（他形容自己是個「爵士樂自由鬥士」），《我的文化素描》（*Sketches of My Culture*）以及《街頭知識》（*Street Knowledge*）這兩張專輯都與他政治作品的主題相關。他提倡公民不服從以及社會行動主義。

有哪場辯論會比喬治和韋斯特的辯論更火花四射呢？他們在關於人的性傾向、種族、身分認同、經濟以及墮胎的大部分議題上都存在激烈分歧。這場辯論完全有擦槍走火的可能。想知道他們會用什麼樣的難聽話來形容彼此嗎？

「我深愛這位兄弟。我對這位兄弟有著深深的敬愛。」這是康諾・韋斯特的話，他說的人正是羅比・喬治。[3]

「我們在愛中、在真實兄弟之情中彼此合一，」喬治這樣說到韋斯特。「當我稱呼康諾弟兄『康諾弟兄』時，我的意思是他的我的**兄弟**。」

「我們為彼此的人性面著迷，」韋斯特說道，「我們都投入心靈生活及思想世界，都曾有機會到全國各地教學和演講，所以當我看到他時，我並不把他先當成一位保守派思想家、天主教哲學家，或我們時代最重要的政治理論家之一。我把他當成我兄弟。」

這不是你剛才期待的態度。當兩黨之間的輕蔑已經如此常見，要如何解釋他們對彼此懷抱的個人情感呢？

最有說服力的解釋是，喬治和韋斯特已經找到一個避免衝突的辦法。也許他們找到了一些共同的立足點，也許他們已經同意要避免意見分歧，就像那些古老的英國紳士俱樂部一樣，為了維持和諧而禁止討論政治與宗教議題。也許這就是解決輕蔑文化的答案。如果我們避開在智力與道德上都令人憂慮的政治和政策領域，即便身處於智力的對手之中，我們也能過著和諧的生活。把分歧藏到看不見的地方，把輕蔑從腦海中清除。一定是這樣。

尋求完美友誼的方法

要理解友誼與分歧之間的關係，我們需要回到數千年前，回到亞里斯多德哲學中尋找答案。[4]

亞里斯多德在他的《尼各馬可倫理學》（*Nicomachean Ethics*）中寫到，友誼有三種：第一種也是最低形式的友誼基礎是功利的考量，即雙方都從彼此那裡獲得一些好處。你和你在生意上認識的某個人之間的友誼就屬於這種。假設麥可是你的經銷商，他是你的朋友。他賣給你布匹，而你需要這些布匹製作襯衫。雖然你們也許從不曾在工作以外的場合見過面，但你和麥可以友善的態度相待。這是一種金錢上的交易關係。你們都需要彼此，也對彼此有用。

你想盡辦法不和麥可有不同的意見。如果你喜歡川普總統，而麥可說了一句貶損他的話，你會微笑並轉移話題。為什麼？因為你不想為了像政治這樣無關緊要的事情而搞砸一段良好的商業關係。

對亞里斯多德來說，友誼的下一個層次是以快樂為基礎；兩人都受到對方的機智、聰明、才華、美貌，或其他有魅力的特質所吸引。假設你有朋友叫瑪麗。每次你跟瑪麗在一起時總會學到新東西。你喜歡她的腦袋，她十分風趣，或者她有趣極了，或者她有其他某種讓人覺得和她在一起很愉快的特質。

就像和麥可在一起的時候一樣，你也試著避免跟瑪麗在政治這類事情上有不同的意見。你們彼此認識，但也許關係沒有親密到可以不在乎起衝突，她可能會認為你在針對她。她有一些很棒的特質，你不想失去一個相處起來很愉快的朋友，只因為你的觀點冒犯了她。

比起和麥可的友誼，你和瑪麗的友誼稍微高尚些，因為你不是需要從她那裡得到什麼，你喜歡的是她的內在或外在美，你想要多享受這些特質帶來的快樂。從本質上來說，這段友誼是建立在想要親近美好事物的基礎上。然而，這仍是一種不完美的友誼，因為它是種內向性的友誼。亞里斯多德寫到，「那些為了享樂而愛的人是為了取悅自己而愛。」因此這兩種友誼的形式都是「附帶的」，並且「容易消散……如果一方不再令人愉快或有用處了。」如果你不再從事縫製襯衫的生意，你也許就再也不會和麥可見面，而且你也許不會很想念他。如果你的興趣變了，或是她的笑話不再新鮮了，你和瑪麗可能也會分道揚鑣。

友誼的最高形式，亞里斯多德所說的「完美友誼」，是基於共同的良善與美德。假設你有一位老朋友叫法蘭克。你愛法蘭克，不是因為你和他做生意（也許會，也許不會），也不是因為他風趣聰明（他可能是，可能不是），而是因為你們都對於自身以外的某種事物有著深切的道德關切。也許是對上帝的愛，或是對某個特殊事業的激情。無論那是什麼，亞里斯多德都會說，你和法蘭克「有相似的德性」。

你和法蘭克的友誼毫無疑問是有用且愉快的，因為良善正直的人也可以有用且令人愉快。然而，你和法蘭克的友誼歷久不衰，不像基於功利和享樂的友誼那樣禁不起考驗，因為它是建立在某種更深刻的事物上：你們共同的德性與共有的理想。你和法蘭克的友誼也許可以維持一生。

但意見不合怎麼辦？你和麥可和瑪麗在一起時總是迴避分歧，但是和法蘭克在一起時不一樣，你會主動**尋求**分歧。你們的友誼禁得起考驗。在政治上有不同看法？沒什麼大不了。你希望對方明白，要追求共同的目標有一個更好的方法，自然就會對如何達成有不同的看法。你真心希望知道**為什麼**法蘭克會認為你的想法是不正確的。

雖然你的意見不同，但這不表示你要當個難相處的人。法蘭克主張某件你不認為正確的事情時，你不要說他是個笨蛋，他最好閉嘴。那是種輕蔑的行為，因為你企圖讓他保持沉默，那跟你要他做的事正好背道而馳。相反的，雖然你不同意，但你要聆聽他的看法，並思考他的論點有哪些值得考量的地方。記住，你的目的不是要證明你是對的，他是愚蠢的；你的目的是要實現你們共同的目標。

你可以用這個架構來理解其他類型的人際關係，甚至是婚姻。基於功利考量的婚姻是交易性的，比方說與某人結婚只是為了對方的錢財。這種事顯然一天到晚都有，但是沒有人會認為這樣的婚姻關係是好的或是穩定的，能夠「白首偕老」，這就是為什麼人們總是拿這種事開玩笑。或者，你也可以和某個你很欣賞的人結婚，但如果你們的婚姻關係僅止於此，戀慕終究會淡去，愛情通常也會隨風而逝。

許多人只從功利和享樂角度來看待浪漫愛。這就是為什麼有這麼多人認為它會自然消逝，並帶來沮喪的結局。這是艾蜜莉・勃朗特（Emily Brontë）著名的一首詩〈愛情與友誼〉（Love and Friendship）背後的基本思想：

愛情如野玫瑰，
友誼卻似冬青——
野玫瑰綻放時，冬青樹黯淡無光。
但誰能夠長久綻放？

春天，野玫瑰艷似春光，
夏天，它把風兒薰香；
但等到凜冬降臨，
還有誰會讚美它的嬌顏？

曾經美麗的花環如今招來戲笑。
用冬青的光彩將你裝扮吧，
這樣，當十二月的荒蕪襲上眉梢，
你的冬青花環仍將長青如故。

勃朗特將愛情與友誼做了錯誤比較。如果你將你的婚姻建立在亞里斯多德所謂的完美友誼上，而不是功利或享樂，你不需要在兩者間做選擇。你也許想要的是一個會支持你的人，而你可能發現另一個有外在美貌的人。但是最終，讓你們白首偕老的會是對美好事物的共同熱情。比方說，這意味著你們對於什麼對孩子是好的有共識，對於宗教和哲學信念有共同的承諾。

過去一世紀以來，美國天主教會最偉大的溝通者之一是富爾頓・辛恩（Fulton Sheen），紐約羅徹斯特教區主教。辛恩主教有一個很受歡迎的電視節目，還寫了多本暢銷書，像是我和妻子特別喜愛的《婚姻的鐵三角》（*Three to Get Married*）等。我們在為訂婚的夫婦開設的婚姻預備課程中使用這本書。在這本書中，辛恩主教教導人們，美好婚姻的祕訣是對於神（祂是婚姻中的「第三位配偶」）的共同信念：一個人生活中最重要的事物是神，不是丈夫，也不是妻子。[6]

你覺得聽起來很奇怪嗎？一開始我和妻子也很難理解。雖然我們是天主教徒，那感覺起來就像在某個神聖不可侵犯的事物中間放進了其他東西一樣。但這種看法是錯的。它的目的是（即使我們隨著生命歷程而改變）每年都要更深刻地表達我們對彼此愛，這份愛反映我們對神共同的愛。根據亞里斯多德的定義，這種婚姻也是一段完美的友誼。

這是不是表示最好的婚姻是沒有不同意見的婚姻？絕對不是。我的妻子是西班牙人，在我們家每天都會上演情緒激動的意見不合。但儘管分歧會讓前兩種類型的婚姻變得脆弱，卻會強化亞里斯多德式的婚姻，只要分歧是專注於共同目標，並以正確的方式尋求分歧。我們的爭執幾乎一律都是關於做事的最佳方式，這些事是我們都同意的，比方說，將我們的孩子培養成優秀的成人。

為了趨近真理而對話

我在本章一開始聲稱，避免輕蔑的祕訣是迴避分歧，但我現在的說法已經明顯和它產生了矛盾。事實上，喬治和韋斯特的例子也和它抵觸。用韋斯特的話來說，「我當〔羅比〕是我的朋友，也是一個……有權犯錯的人。」正如喬治回應時特別指出：「我們幾乎沒有一件事有共識。」

如亞里斯多德所料，喬治與韋斯特之間的深厚友誼並不是建立在找出有共識的地方或是迴避衝突。它需要分歧，這段友誼的基礎是一個共同的追求：追求美好、真實事物，以及提升其他人，尤其是那些不如他們有權力或名望的人。如同喬治所解釋，「我們在一起工作的最大魅力是讓我們的學生身處在……一個他們真的能夠聽到互相競爭論點的情境，這些論點來自這樣的兩個人：對自己的意見十分狂熱、有很強的觀點，但又願意用文明的方式和對方爭論，認真對待對方的論點、聆聽，願意和對方教學相長，而完全不會用無理的方式稱呼對方，或是朝對方大吼大叫。我想我們的學生在這種情況下不只從我們說的話中學習，也從我們的身教中學到更多。所以和康諾一起教學是我在普林斯頓任教三十多年裡最棒的經驗之一，我想我的學生也這麼認為。」

韋斯特和喬治並未對他們的分歧置之不理，只想不選邊地和稀泥。他們以擁有分歧為樂。「我並不會特別喜歡停戰。」喬治說，「韋斯特教授和我關心的是對話，目的是趨近真理，而不只是為了達成一致而找方法，或是為了迴避造成人們分歧的困難議題。但是要有對話，目的是讓對話雙方或是所有相關者都能稍微趨近真理。」

事實上在二〇一七年時，他們兩人曾就尋求真理以及思想和言論自由的重要性發表了一篇聯合聲明，文中包括以下的文字：

沒有人是絕對不會犯錯的。無論你自認是左派、右派或中間選民，總有些願意講理的好人不認同你的基本信念……。我們所有人都應該願意，甚至渴望和任何準備好要透過說理、鋪排證據及提出論點來尋求真理的人交流。討論的主題越重要，我們就應該越願意傾聽和交流，尤其是當對話的對象會挑戰我們深層的信念時，即便那是我們最珍視並且形成身分認同的信念……。傾聽並用尊重的態度與那些我們不同意的人交流（尤其涉及深刻重要性的事情時）的意願，非常有益於維持一個讓人們暢所欲言的環境，人們能夠思考那些不受歡迎的立場，並探索那些可能削弱固有思維模式的論點。這樣的氣氛使我們免於教條主義及群體思維，這兩者均有害於學術社群的健全及民主體制的運作。[7]

這兩個知識分子，你可以想像他們之間的分歧有多劇烈。然而他們卻互愛、互敬，彼此稱兄道弟。想像一下，如果這樣的情景在整個學術界中更常見，如果這樣的場景在美國更常見，那會是如何。

這可能嗎？

表達不同意見的規則

也許你已經察覺到本章和上一章的相似性。在我的構想中，它們其實是屬於一個更大的章節。為什麼？因為分歧只是「理念之爭」的另一種說法而已。分歧（在適當處理的情況下）能夠強化一段完美友誼，原因是競爭會讓事情變得更好。我們需要的是更好的（而不是更少的）分歧，來削弱美國的輕蔑文化，並讓我們的國家重新團結起來。

讓我們花點時間來想像一下，你我都對改善貧困及幫助更多人實現美國夢抱持著極大的熱情。這些都是真正良善而有益的美國價值。但我們對於什麼是解決問題的最佳方式產生了分歧。我們之中有人認為，幫助窮人的最佳方式是增加政府支出，以及建立一個更慷慨的社會安全網。另一人則認為，減少來自政府的幫助，提供更多的就業動機以及讓自由企業更有活力，才是最佳方式。由於我們有個共識，要對於最佳的問題解決方式展開競爭，於是從一個共同的道德核心所產生的分歧中，產生了更好、更具創新力的公共政策，能幫助到那些我們想要幫助的人。這就是對公共政策的分歧而產生的亞里斯多德式「德性友誼」的精髓。

這種「政治的友誼」尤其適合於民主體制，亞里斯多德寫到，因為「在獨裁體制中，友誼與正義幾乎蕩然無存，然而在民主體制中，它們能更充分地發展；因為在公民享有平等權利的地方，他們之間會有許多共同點。」然而，要在民主體制中維持亞里斯多德式的政治友誼，我們必須在這個共同的道德核心達成「全體一致」。「在良善的人之中可以找到這種全體一致；因為他們在自身以及與彼此都是一致的……他們追求公正及有益的事物，而這些也是他們共同努力的目標。」

當我們忽略了共同努力追求的公正目標時，亞里斯多德寫到，友誼就會消散，而「每個想要為自己謀求好處的人就會批評他的鄰人，並成為他的阻礙。」最終，「如果人們不仔細監督，公共福祉就會很快受到破壞。結果是人們成為一盤散沙，對彼此施以強迫，自己卻不願意去做公正的事。」這些話寫於西元前三五〇年，卻十分貼切地描述了當今美國政治的現狀。

德性的亞里斯多德式友誼的核心是抱持著愛及尊重的分歧，這正是美國所需要的。如果你有幫助窮人的更好方法，我希望能聽聽你的看法。如果我不認為這是幫助窮人的好方法，我仍然可以從你的論點中學到許多。除非人與人之間有意見分歧，否則你無法充分發揮這種亞里斯多德式德性。亞里斯多德式理想的最高表現就是兩個對於某件實質的事完全意見不同的人，卻因為他們都如此在乎他們擁有的共識，所以願意就此展開辯論。這絕對是美國最好的時光。

我知道這一切很像是紙上談兵。這應該是本實用的書才對，所以你可能會想，「好吧，布魯克斯，告訴我一些讓這個國家恢復健康的好方法吧，因為我在這看到淨是羞辱、仇恨和尖酸刻薄。」這就列給你。

規則一：找到你的羅比、康諾，或法蘭克

如果你沒有和不同意識形態的人建立任何第三層次的亞里斯多德式友誼，自然就不會有羅比跟康諾之間那種具有生產性的分歧。我們每個人都需要那種友誼，才能學習和實踐用愛及熱誠面對分歧的技巧。你也許迴避跟你生活中的麥可和瑪麗們產生分歧，但如果當遇到重大課題，尤其是政治和政策時，你沒有一個法蘭克朋友，你就有麻煩了。沒有法蘭克，你就無法與他人發展出建設性分歧的技巧，所以當政治上出現意見不合時，你只能跟人大吵一架，或是落荒而逃。缺乏練習會讓你變得防衛心重，並且易怒。這是失敗的表現。當這種個人層次的失敗上升到國家層次時，就會看到今天在我們四周所看到的結果。

如果你的生活中沒有像法蘭克這樣的朋友，你要問自己**為什麼沒有**。也許一個原因是你越來越不可能遇到有良好價值觀及對立觀點，但卻願意講理的人。

過去在大多數地方，如果你是名共和黨人，你很難迴避掉民主黨人，反之亦然。在我小時候住的西雅圖社區，有些家庭的家長投票給共和黨，也有些家長投給民主黨。市長兩黨都有，我們在議會裡的議員也是如此。我不記得曾有另一黨的人勝選時會讓人們徹底崩潰。但是今天，當我回到西雅圖，情況卻完全不同了，這裡已成為政治單一文化。共和黨的人數如此稀少，以致於在市長選舉中，人們要在公開初選中得票最高的三位候選人中做選擇時，只有政治光譜從左到極左的三位民主黨人。結果，這裡很難有人可以擁有和自己意見不同的真正朋友，我還注意到許多人在處理分歧時的態度很糟。二〇一七年，在西雅圖市議會的一次公開會議中，一名議員宣布她沒有一個共和黨人朋友。[8]這個表態本該使在場所有人震驚，但是在一個已經變成了一黨文化的地方，她卻贏得了掌聲。

同樣的現象出現在美國各地，無論黨派立場是左或右。國會選區越來越缺乏兩黨競爭，這意味著議會的控制權落在少數幾個搖擺選區上。如果你在西雅圖，你只能**從別人那裡**聽說保守派的事，但你無法親自**從保守派那裡**聽到他們自己的看法。此外，你所聽到的消息通常是你最愛的媒體精心編排下的產物，它們與你一樣，對於右派人士有著消極負面的看法。居住在德州鄉下的自由派人士也有同樣遭遇；這樣的人你也許認識不多，甚至一個也沒有，你只是在廣播談話節目和保守派有線電視頻道裡聽說過關於**他們**的事。

如果你想要更好地表達分歧，通常需要一個更大的朋友圈，這件事說來容易做起來難。這意味著，你要踏出你的傳統圈子，努力以一種深刻的方式認識那些有著不同價值觀的人。這很難，難在你不但必須找到他們，而且還必須傾聽。（我們的社會已經變成在傾聽方面相當無能。）如果你一直在臉書上閱讀關於另一方的憤怒文章，你永遠也達不到這個目標。

這對你來說似乎是顯而易見？其實並非如此。許多人認為，透過與政治和政策保持同步以及積極參與倡議及行動主義活動，他們已經深入參與了改善自己社區的工作。這樣很好沒錯，但是還不夠。今天，從事這些事實際上是保證你會被那些已經和你有同樣觀點的人包圍。除此之外，你還需要將你的努力範圍擴展到那些和你持有**不同**觀點的人。走出你的舒適圈，並找到他們吧。

然後你需要以真誠、友好、尊重的態度和他們交流。要怎麼做？請繼續讀下去。

規則二：不要攻擊或羞辱人，甚至不要想著贏

一旦你和另一方立場的人出現了真誠的分歧，要怎麼做？先從把你所學到有關贏得勝利的一切知識丟到一邊。

你曾贏得一場爭論嗎？根據我在幾章前提到的《卡內基溝通與人際關係：如何贏取友誼與影響他人》（*How to Win Friendship and Influence People*）那本書的看法，答案

是否定的。「你不可能贏得爭論。」卡內基寫到。「做不到的原因是如果你輸了，你就輸了；但是如果你贏了，你還是輸了。為什麼？好吧，假設你贏了另一個人，你指出他的論點漏洞百出，並證明他**是個糊塗人**。然後呢？你會感覺很好。但他呢？你讓他覺得低人一等。你傷害了他的自尊心。對於你的勝利，他只會產生怨念。」[9]

卡內基用這句古老的詩句總結了他的想法：

違背一個人的意願，就是說服了一個人，他的心也不服。

如果分歧是為了讓我們變得更好、更團結，那麼，分歧的重點從來就不是贏，當然也不是攻擊別人。分歧的重點是要豐富整個討論，以尊重的方式來測試你的觀點是否經得起考驗，並說服某個你在意的人。

當電視節目主持人向來賓提出對立的觀點，而不是向觀眾展示不同的視角，唯一的目的只是為了攻擊他們並「贏得」爭論；我們總是看見這種破壞性的分歧。節目來賓經常是寫過或說過、做過某件荒謬事，但又沒有能力為自己立場辯護的可憐人。這樣的「辯論」使我想起老哈林籃球隊（Harlem Globetrotters）的巡迴表演秀。他們會安排和被叫做華盛頓將軍的虛擬對手進行比賽，這些人夜復一夜地受到鞭打和羞辱。差別只在於這些將軍們可是拿了報酬的參與者，而電視節目來賓卻是不幸的受害者。重點是那從來就不是一場公平的比武。爭論的目的除了讓主持人可以代表站在他這一邊的真正信眾裝模作樣地加入戰場之外，別無其他。主持人向來賓施加人身攻擊，使得他看起來荒謬可笑，然後感謝他的出席。這樣做的唯一目的是讓他可以吹捧自己進行了一場「平衡的」討論。隨後，影片的片段會被放到YouTube，並打上「某某主持人擊潰某某來賓」的標題。

當我們與不同意見的人互動時，決不該遵循這種模式。如果要處理分歧，就應該拿出真心誠意，只要有一點不真誠，那就是在關閉思想的競爭。

以尊重的態度進行交流有個務實的原因，也有個道德的原因。

務實的原因是：幾乎不會有人因為受到羞辱而同意另一個人的看法。最近我看到一個推特推文，來自一個致力於教育大學生經濟責任及自由市場原則的保守派倡議團體。我對這些事有共鳴，所以停下來看了一眼。這個推文是寫給進步派的，它是這樣寫的：

親愛的自由派小草莓：天下沒有白吃的午餐。光是哭也不能解決問題。尖叫不能證明你是對的。不是每個人都是贏家。地球上不存在「同溫層」。

你可以想像某個自由派大學生看見那個推文並說，「天下沒有白吃的午餐？我到現在才知道。光是哭不能解決問題？哇，我真希望以前就有人告訴我。」不會，每個看見那個推文的自由派人士只會想到一件事：真是些蠢貨。

不是只有保守派才會幹這種事。最近在印度的一個場合中，希拉蕊．柯林頓對川普的支持者做了一個宣稱，以向他們發表聲明的形式（即使他們並不在場）：「你知道，你不喜歡黑人獲得權利；你知道，你不喜歡女性得到工作；你知道，你不想看到印度裔美國人比你還要成功。」[10]柯林頓女士的觀點幾乎不會得到任何川普支持者的認同。

事實上，這種方法比不去說服對方還要糟。研究顯示，羞辱實際上會強化人們對於某個人觀點的反對立場。一九六七年發表於《實驗社會心理學刊》（*Journal of Experimental Social Psychology*）的一項經典研究〈透過羞辱人而產生的反說服〉（Negative Persuasion via Personal Insult）展示了所謂的「回彈效應」（boomerang effect），即當你侮辱某個人時，實際上反而導致對方堅定其觀點。[11]來自耶魯大學的研究者指出，如果人們最終改變觀點，他們從原本的立場上變得更極端的可能性超過三比一。

我們對此都會心有戚戚焉。去年我參加了一個豪華派對，和我不太熟的一些人做了短暫的交談。一位女士問起我對於某個公共政策議題的看法。我用溫和的措辭告訴她我的看法，一部分原因是我認為她會不同意我的觀點，而這並不是個適合展開亞里斯多德式德性友誼的「同溫層」。她立刻激動起來，還說我是個「討厭鬼」。我吃了一驚，因為那是個有點古怪的攻擊性回應。更奇怪的是，我忽然覺得我對這個議題的意見忽然變得十分強烈起來。回彈效應！

針對這種回彈效應有兩種可能解釋。一種是「社會平等機制」（social equity mechanism）。當一個人公開自己的觀點接受挑戰時，這代表了一種「社會投資」，他們期待以接受或認可的形式得到某程度的「社會回報」。如果這個期望因受到羞辱而落空，他們的回敬方式就是採取一種更極端的反對立場。

想像一下，有個美國憲法第二修正案的支持者問一位支持槍枝管制的人，是什麼啟發了他的信念。如果這位槍枝管制倡議者沒有肯定這位擁槍權利支持者願意聽取不同意見的開放態度，反而說，「嗯，如果你反對槍枝管制，那你顯然不關心孩子們的死活。」我們不難看出為何經過這場談話後，這人會對擁槍權採取更為強硬的態度。正如耶魯大學研究者所指出的，「這就好像這位受害者說，『我會讓你知道後果。如果我給你一個改變我看法的機會，而你卻反過來羞辱我，那麼我不但不會改變看法，還會讓我的看法變得更令你反感。』」

回彈效應的第二個解釋叫做「想像支持者機制」（imagined supporter mechanism），這種機制會讓羞辱者給人留下一種印象：所有針對這個議題主張他那一方看法的人都像他一樣討人厭。不認識幾個槍枝管制倡議者的擁槍權支持者很可能就會做出結論：所有槍枝管制倡議者都很粗魯，而且喜歡講話羞辱人，就像這個人。研究者指出，「這就好像這位受害者說，『好吧，如果像你這種蠢貨會有那些想法，那些想法就不可能是對的。』」我們的感受也許不是完全反映現實，但是在這兩個情況裡，受害者都變得更堅定自己的看法，也更不可能去傾聽相反的觀點。

當人們處在封閉意識形態的環境時，這種情形特別可能發生。當我到校園演講，說了些對於自由企業有利的話時，學生們很可能從來沒聽過有人這樣說。如果這是真的，那麼他們就會形成關於抱持我這種觀點的人的看法，而那幾乎是完全基於他們對我的感受而來。只要其中有一點諷刺，一點羞辱，你就會得到回彈效應。這是個重責大任，就像我經常和與我有相同觀點的年輕人解釋的那樣。除此之外，我強烈建議他們不要把好爭議者，那些只是想煽動惡意和抗議的人帶進校園，因為回彈效應只會讓校園一元文化的問題變得更糟，而不是改善。

我們知道羞辱幾乎不會產生效果，只會使對話者更反對我們的觀點。這些是避免這樣做的實際原因，但還有道德的原因；羞辱人就是錯的。我們根本不應該容忍任何羞辱，無論是來自另一方還是自己。事實上，我還會採取更進一步的做法。那就是當某個**你這一方**的人羞辱**另一方**的人時，你有責任把它當成你個人的事，為那些與你有不同意見的人挺身而出。

當我演講時，經常會問聽眾這個問題：「有多少人愛著某個和你們在政治上意見不同的人？」幾乎每雙手都會舉起，每一次都是如此。無論你是自由分子、保守分子，或是中間派。我敢打賭你也會舉起你的手。

這表示，當某個和你有共識的人羞辱另一方的人時，他們也是在羞辱你所愛的人。你應該覺得被冒犯，而且你應該接下這個道德挑戰才對。站在你這邊的某個人正在羞辱你的妹妹。你對此感覺如何？我知道你不同意你妹妹的觀點，但是讓一個你剛認識不久的人說她愚蠢或邪惡，這種事不應該發生。你該怎麼做？很簡單：你應該要捍衛她。如果你不站出來捍衛她不受到別人的毀謗中傷，那麼你就成了這件事的同謀。

當我們聽到羞辱人的言語時，我們必須反擊。我們不能等著那些站在全國舞台上的政客自動改過向善；我們應該從基層就要求人們。必須捍衛那些我們不同意的人，當他們受到與我們意見相同者羞辱時，我們應該站出來。無論如何都必須從自身作起，這樣才不會掉入羞辱另一方的陷阱。這是良好品格與道德領導力的標誌，也是在戰勝輕蔑文化的道路上邁出重要的一步。

規則三：絕對不要預設別人的動機

二〇一六年川普與希拉蕊的總統大選辯論是史上收視率最高的電視辯論，二〇一六年十月十九號就有七千一百六十萬美國人打看電視收看這場辯論。[12]他們是渴望看到理性的說理、尊重面對分歧的態度以及深思熟慮的政策立場，才打開電視的嗎？當然不是。這場辯論會那天出現的茶水間閒聊都是關於柯林頓會用什麼巧妙的話來讓川普閉嘴，以及川普又會用什麼不堪入耳的侮辱性話語回擊。辯論會結束之後，社交媒體上瘋傳的影片中出現這樣的對話：

川普：普丁……我看到的一切都顯示，他對這個人毫無敬意。

柯林頓：好吧，那是因為他寧可讓一個魁儡來當美國總統。

川普：我不是魁儡！不是！

柯林頓：事情很明顯……

川普：妳才是魁儡！

柯林頓：顯然你不會承認……

川普：不，妳才是魁儡！

好吧，我承認當我看到這段影片時我笑到飆淚。我那些青少年年紀的孩子也是，而且到今天他們還會用「魁儡」來稱呼對方。

也許這很有娛樂效果，但它對這場辯論完全沒有幫助。為什麼？因為它是人身攻擊辯論的一個範例，是種錯謬的辯論策略，它透過攻擊對話者的背景或主觀感知到的動機來推翻對方的論點。「你不能相信另一個人針對俄羅斯說的任何話，因為他或她私底下對俄羅斯的態度很軟弱！」這種辯論刻意忽視論證的客觀長處，反而是先站在高位，然後一拳擊倒惡意的論點，也就是在某個特定立場背後的所謂邪惡動機，而不是擊倒這個立場本身。

可以預見的是，受到當今美國領導人的花言巧語影響，我們越來越常這麼做。即使在大學校園中（儘管有韋斯特和喬治這對很棒的例外），一個言論自由和公開辯論應該是不可侵犯權利的地方，人們也會因為沒有經過辯論的意識形態和價值觀，或由於種族或經濟背景不具有正當立場，而被人噓下台。

這是一種智識能力薄弱的行為。想像一下，如果韋斯特指控喬治是因為內心深處痛恨，所以才堅持他的觀點。他們之間的全部談話就會無法進行。然而這正是今天我們每天都在校園裡、電視上、政治中，以及社交媒體上看到的。當然，有些人確實懷有不良的動機。每個人都知道讓這個國家過去蒙上陰影的那段恐怖的歧視歲月。但是主張今天絕大多數美國人所持的信念，背後的強大動力是惡意或仇恨，這並不合理。

比不公平更糟的是，這樣的信念經常是基於全然的無知。多少次你聽到一位保守派權威人士說民主黨想讓窮人依賴政府，這樣他們就會一直投民主黨？或是自由派權威人士說共和黨的徵稅政策完全是為了幫助共和黨人的那些有錢朋友？

事實是，這些黨派立場高度僵化的保守派和自由派對於另一方，無論是動機或其他一切，都無知得驚人。《政治學刊》（*Journal of Politics*）中一篇二〇一八年的研究顯示，民主黨人認為超過百分之四十的共和黨人年收入超過二十五萬美元，然而實際上只有百分之二點二的共和黨人符合這個描述。[13]而共和黨人則認為有將近百分之四十的民主黨人是同性戀，但實際上只有百分之六多一點的民主黨人是。

二〇一八年一份相關的皮尤調查顯示，有相當多數的鄉村、市郊及城市居民表示，他們對於和自己居住在不同社區的人所面臨的難題，若不是非常理解，就是多少有所理解。[14]然而點出問題的是，也有同樣多的鄉村、市郊及城市居民表示，他們認為生活在不同社區的美國人**不了解自己**所面臨的難題。這個差異表明的是，我們甚至不知道自己有多麼不了解與我們不同的同胞。也難怪有百分六十三的城市居民和百分之五十六的鄉村居民認為，居住在不同類型社區的美國人對他們的看法是負面的。

如果我們不知道關於另一方的基本事實，也無法和居住在不同社區的人產生共鳴，我們怎麼會知道彼此的動機呢？人身攻擊式論證怠惰地表達了人們的無知，應該避免。如果我們可以開始把同胞的論點當成事實來看待，這將會改善兩件事：有效地提出不同意見的能力，以及最終達成的政策結果。

規則四：把你的價值當成禮物，而不是當成武器

在你要提出不同意見之前，先問自己這個問題：我是把我的價值當成禮物，還是當成武器？

價值應該是正面的東西。即使人們不同意這些價值，也不應該拿它們來傷害其他人。比方說，我們不可能用做善事的心打某個人的頭，如果這樣做，那就不叫善行了。你不可能在維持價值的道德內涵時，又把它們當成武器來使用。

舉個例子，比方說你在墮胎議題上是個擁護生命者，而你去跟那些擁護墮胎選擇的人說他們是嬰兒殺手，那麼你就是在拿自己的價值當武器，並因此讓這些價值的內涵失去效力。也許你擁護生命，因為你相信生命是上帝的恩賜，並認為拿掉來自上帝的恩賜是犯了道德上的錯誤。但如果你稱呼某個和你意見不同的人嬰兒殺手，你並沒有告訴那個不同意你的人生命是美好的，而是稱呼你的反對者殺人犯。你讓那個人的反對立場變得更堅定，也讓你主張的道德內涵變得虛弱無力。再者，你肯定會激起他的回彈效應，讓他更強烈擁護墮胎選擇。

身為美國人，愛國主義與信仰是我們之中許多人共同擁護的兩個最偉大道德價值。在

二〇一八年賓州的一次國會特殊選舉中，共和黨候選人宣稱自由派人士恨美國也恨上帝。「我跟許多左派人士交談過，」他說，「我告訴你們，他們有許多人對我們的國家懷有仇恨……。我還要告訴你們，我的妻子和我今天又看到了，他們還對上帝懷有仇恨。」[15]

在我看來，愛美國和愛上帝都是非常正面的事情。也許你也同意，無論你的政治立場為何。將這些正面價值當成武器，並說另一方的人憎恨美國、憎恨上帝，這樣做不僅極度無禮，而且只會適得其反。不僅疏遠了受到攻擊的自由派，也疏遠了那些知道自己心愛的人雖然和他們政治立場互異，但卻熱愛美國與上帝的獨立人士及保守派。這就是將價值武器化的經典例子。好的領導者或道德領袖都不會做這種事。

我們也在槍枝議題的辯論上看到這種情形。我在前幾頁中舉出的例子並不是捏造的。在佛羅里達州帕克蘭市的高校槍擊事件後，我看見一個有線電視新聞的評論員說全國步槍協會（NRA）的支持者更關心槍枝，而不是孩子。真相是槍枝辯論的兩方都相信美國的基本價值。一方希望保護他們認為的基本自由，以及自我防衛的權利。另一方則尋求用更有效的方法來保護孩子，而他們相信槍枝管制有效。沒有哪一方是道德淪喪，他們只是意見不同而已。但是當某一方的人利用這些價值來攻擊另一方時，他們論點的道德內涵就失去力量，並疏遠了潛在的盟友。

下次你打算要就某個爭議性話題發表不同意見時，先問自己一個問題：我是打算把我的價值當成禮物，還是拿來攻擊對方的武器？如果你打算把它們當武器使用，那就停下，想辦法把你的價值當成禮物使用。

當然，有時候我們的目標不是說服，而是要激勵真實信眾。舉例來說，當一位希望獲得共和黨總統候選人提名的政治人物站在一群保守派行動人士面前時，說服自由派或獨立派人士根本就不是他的目標，這種事完全可能。他希望的是激起基本盤的熱情，這樣他們就會離開這個大廳，挨家挨戶敲門、打電話拜票，並在投票日現身投票給他。

這沒有什麼問題。你可以激勵你在政治上的基本支持者，但是要激勵你的支持者可以用正確的方式，也可以用錯誤的方式。

過去在美國政治中，大多數的政治人物既要激勵核心支持者，**也要**說服那些仍在觀望的人。他們知道他們需要充滿活力的支持者，但只靠這些人的選票並不足以贏得選舉。因此，當他們在集結核心支持者的同時，也會試著向外擴展，努力說服夠多尚未下定決心的選民，一起在選舉那天將他們推上議席。說服可以說服的人的需求，會限制他們激勵自己的核心支持者。因為儘管他們想要激起己方支持者的投票熱情，但他們並不希望說些可能會疏遠那些猶豫不決者的話語，他們也需要這些人的選票。

今天，說服似乎已經不再重要。選舉成了基本盤動員的演練，共和與民主兩黨比賽，看誰更能用搧動人心及羞辱另一方的話語來激起基本盤的熱情。在選舉那天更有動力出門投票、更憤怒的一方就贏——至少人們的看法普遍如此。

對我們的民主體制而言，這是個本質上更不穩定的模式。政治鐘擺不是輕輕擺動，而是來回劇烈搖晃，因為每一方都在努力用憤怒來壓倒另一方。結果，在兩次選舉中間的這段時間，因為兩方都對彼此懷有極大的輕蔑，什麼事也沒有辦成。輸的一方總是想要阻擋任何進步，直到他們能在下次選舉中重新贏回權力。

另一方也做同樣的事。如此循環不已。

情況是如此糟糕，以致於許多優秀的政治人物逐漸相信，除非羞辱另一方或退出政治，否則他們別無選擇。我有許多好友在國會中服務，我一天到晚就聽到類似的話。他們這樣哀嘆：人們參加我的競選集會只為了聽我把另一方罵得一文不值。如果我不這樣做，他們就會發出噓聲，我地方上的脫口秀電台主持人會說我是弱雞。

我總是這樣回答：做你知道是正確的事。怎麼做？你可以批評和你不同意見的人，但不要羞辱他們、質疑他們的動機，或把你的價值拿來當成武器。說「某候選人的政策將大大削弱我們的軍隊，並讓美國面臨更大的恐怖攻擊風險」，與說「某候選人削減軍隊開支，因為他希望伊斯蘭國能贏」，兩者有巨大的不同。在許多情況下，一樣的用字遣詞可以拿來當成禮物，也可以拿來當成武器。舉例來說：「讓美國再次偉大。」這個短語第一次在總統大選上使用時，是這樣登場的：

我想要的東西比所有從前我想要的都更偉大，我想要一個行政團隊，透過它的國內外實際行動，能夠讓千百萬人知道，在那金色的大門旁，自由女神仍高舉著她的明燈……。讓我們向希望那燈火繼續閃亮的這世代美國人送出一個響亮而清晰的訊息：這個夢想，這個地球上人類至終至善的希望，這個由神掌權的國度，絕不會從地球上消失。

我們要繼續建設美國經濟，使其再次為所有人提供真正的機會。我們要繼續成為自由的象徵、永恆價值的守護者，正是這些價值激勵著那些來到這個入境口岸的人們。讓我們向彼此宣示，在這位偉大女神的見證下，我們可以，願神幫助我們，我們將會讓美國再次偉大。[16]

不記得二〇一六年大選時的這一幕了嗎？因為這些話是雷根在一九八〇年九月一

日，在自由女神前發表演講時說的。雷根創造了「讓美國再次偉大」這個短語，但他將它拿來當成禮物，而不是武器。

雷根並沒有停止他對吉米・卡特的記錄或想法的批評。雷根的立場強硬，他說明了一九八〇年這場大選中什麼事物正岌岌可危。他將失敗政策的結果全都歸咎於卡特，但是他一次也沒有說卡特憎恨美國，是個騙子，或他想看到美國夢破滅。他知道卡特是個正直的人，熱愛他的國家。在雷根的看來，卡特只是對於如何讓美國再次偉大有錯誤的看法而已。雷根將他的價值當成禮物，而不是武器來使用。他在激勵自己基本支持者的同時，也贏得了許多願意接受說服的美國人的心。

這正是今天美國所迫切需要的。正如羅比・喬治和康諾・韋斯特在他們的聯合聲明中所說：「維護自由、民主的社會需要培養並實踐知識上的謙遜、開放的心靈，以及最重要的，熱愛真理的美德……。即使一個人碰巧對某件爭議性的事看法正確，以嚴肅而尊重的態度和持有不同意見的人們交流，也會深化一個人對真理的理解，並增進他捍衛真理的能力……。我們所有人都應該力求以尊敬的態度和挑戰觀點的人交流。」

如果我們遵守這些簡單的規則，就不需要迴避分歧。相反的，我們可以激烈地表達不同意見，而不會像今天的政治一樣，引發毫無生產力且令人極為不快的「聖戰」。我們可以尊重他人，並說出我們的觀點，而不必說別人的觀點是垃圾。

這樣做還有一個好處。當我在描述羅比和康諾間的友誼時，你們也許有點嫉妒？如果是，那是因為他們的友誼是件美好的事，也是兩個人幸福的泉源。你知道當你可以和人和平共處，卻不需要違背自己原則時的感覺。那感覺真好。

我們都需要那樣的友誼——可以透過挑戰來成長，成為更有智慧、更善良、更體貼的人。所以，請找到你的羅比、你的康諾，或你的法蘭克。要追求更好的分歧，而不是更少的分歧。不要預設人們的動機，絕對不要攻擊或羞辱任何人。記得將你的價值當成禮物分享給人，而不是當成武器。因為除了改善我們的國家之外，遵守這些表達分歧的規則將給你一個努力的機會，有一天你將可以稱某個與你意見不同的人為兄弟或姊妹。

它將帶給你只有完美友誼才能帶來的喜悅。

結語
顛覆輕蔑文化的五條規則

每位父母都很清楚自己孩子最喜愛的書。因為你每天晚上都要唸一遍給他們聽，有時候好幾遍，持續好幾個月甚至幾年。這很像一種酷刑，而且它會永遠烙印在你的腦海裡。我可憐的老爸可以一字不漏地背出蘇斯博士的《烏龜耶爾特》（*Yertle the Turtle*），直到他去世。

出於不明原因，我自己的孩子喜歡瑪格麗特・懷斯・布朗（Margaret Wise Brown）的《重要書》（*The Important Book*）。這本寫於一九四九年的書記錄了一個孩子每天都會看到的東西，並列出它們之所以「重要」的原因。

下面摘錄的一小段可以給你一點概念：

雨，重要的是雨是濕的，
雨從天空落下，
雨的聲音聽起來就像是雨，
雨落在東西上會閃閃發亮，
雨的味道和任何東西都不像，
雨的顏色是空氣的顏色，
但是關於雨，重要的是雨是濕的。[1]

我總是懷疑布朗女士私底下兼差當垮掉派詩人（beat poet）。她會彈一分鐘手鼓，然後深深吸一口菸，說：「關於雨，重要的是雨是濕的。**你明白了嗎？**」

總之，每當我快要完成一本自己的新書並寫到結語時，總會想起這本書，因為結語應該要用一種好記的方式來總結書中的重點。所以我用瑪格麗特·懷斯·布朗的風格寫了以下這段話：

關於輕蔑，重要的是，

它對我們有害。
有時，我們不喜歡和我們意見不同的人，
我們想告訴他們，他們是笨蛋，
社交媒體讓我們很容易這樣做，
專家們這樣發了大財，
也許，他們中有些人活該得到我們的輕蔑。
但是，關於輕蔑，重要的是，
它對我們有害。
（手鼓聲響起）

怎樣才能治癒我們的輕蔑文化？正如我在整本書中所論證的，不是禮貌也不是寬容，這些都沒用。彼此相**愛**以及**愛**我們的國家才是解藥。愛是領導者能夠讓國家重新團結的原因，也是所有人能夠重新團結家庭和社區的原因。

你可能注意到，本書的標題實在有點誤導。我要談的問題是我們一直聽到人們說，那些和我們意見不同的人是我們的敵人，很多美國人也開始相信這點。但事實上，他們根本不是我們的敵人；他們只是和我們意見不同而已。

我要求你和我一起加入一場反文化潮流的運動。我還不知道它會不會成功或受到歡迎。如果這本書的書名是《自由派是邪惡的》或《保守派是愚蠢的》，我保證它會成為一本超級暢銷書，而我在最後一章呼籲大家採取行動的聲音，也只會是重複每個人都在做的事情罷了。看大量有線電視節目；讀你最喜歡的黨派立場專欄作家的文章；把社交媒體上的新聞來源集中於同溫層；看立場挑選朋友，停止和另一邊的人交談；把你不同意的人類比為希特勒或史達林；任意預設他人的動機；仇恨；仇恨；仇恨。

但我呼籲你們採取的行動更難一點，因為我要求你加入我，一起推翻這個主流的輕蔑文化，成為愛與正直的激進實踐者。但我需要盡可能具體詳盡地制定這個計畫，因為它和我們主流文化的浪潮完全背道而馳。

所以，如果你相信我們能讓我們的國家重生，並且你想成為這場運動的一分子，請記住以下這五條簡單的規則，這是我從整本書中總結出的精華。

規則一：勇敢抗拒那個人。拒絕成為有力人士的利用工具。

很多人不相信自己被其他人利用了。為什麼？想一下你知道的強制型領袖，某個真正利用人們來達成自己的金錢、權力或名聲目標的人。腦海中出現畫面了嗎？

好吧，信不信？你腦海中浮現的畫面是錯的，因為那只是某個你討厭的人。你想到的那個人也許利用了別人，但他不能利用你，因為你已經看穿他或她了。一個強有力強制者的正確形象，是某個**在這場辯論中站在你這一方**的人。也許是某個總是肯定你觀點的媒體人，或總是說出你想法的政客，或某個從不挑戰你偏見的學者。他們說另一邊的人很可怕、無可救藥、愚蠢、偏差，或是任何表達輕蔑的話，還說你也應該這樣想才對。

雖然這些話會讓你感到滿意，但記住：這些人不是為你的利益服務。如果你已經把這本書讀到這裡，你（和我一樣）對各種議題都有強烈看法，但你痛恨那種撕裂我們的方式，那正是這些有力人士在做的事。他們為什麼要這樣做？因為當他們成功激起你的怒火時，他們的口袋就會滿滿，他們就會贏得勝選，或者變得更有名望，更有權力。

那麼，先把你生活中的這類人物列成清單開始。慢慢想，要誠實以對。這樣做是為了你自己，你不需要把它貼上社交媒體。接著制定你的反抗計畫。

反抗有兩種形式。第一種是消極形式：轉台。最適用於那些跟你沒有任何直接接觸的人，像是專欄作家，電視主持人。停止看他的節目或閱讀她的專欄。問問你自己：我會錯過什麼我還沒想過或還不知道的東西嗎？或者我只求一時快感？記住，除非那個人真的教了你什麼，或是擴展你的世界觀和道德願景，否則你只是被利用而已。

第二種是積極的形式，也更難一點：挺身反抗那些雖與你站在同一邊，但卻詆毀另一邊的人。勇敢對抗自己的朋友從來不容易，但輕蔑具有破壞性，無論誰表達出來的輕蔑都一樣。但你不需要表現得很討人厭，只需要溫和地捍衛那些沒有得到發聲的人就好，即便你不同意他們的意見。也許參加派對的邀請會變少些，社交媒體上的追隨者也會少一點，而你聽到的八卦也可能會變少？說不定。但你知道你在做對的事。你的感覺會好極了。

規則二：走出同溫層。到沒有邀請你的地方，說些人們沒有預期會聽到的話。

就像火需要氧氣才能燃燒，輕蔑文化也需要兩極化和隔離才能永續。當我們把和我們意見不同的人當成「他們」來看待，或是根本沒見過他們時，我們就很容易對他們表現出輕蔑的態度。當我們視彼此為人類同胞，是「我們」時，坦白說，表達輕蔑就會變得困難很多。

踏出第一步的簡單方法是走入你不熟悉的意識形態領域。如果你是個保守派，那就每個禮拜選幾天的早晨收聽全國公共廣播電台（National Public Radio），而不是福斯新聞網的《福斯與朋友們》（*Fox and Friends*），或是把幾篇《大西洋》（*Atlantic*）雜誌的文章列入你的閱讀清單。如果你是個自由派，有時放下《紐約時報》（*New York Times*）（除非你閱讀的是我的專欄），讀讀《華爾街日報》（*Wall Street Journal*），或是在你那以更進步立場主持人為主的播放清單中放入幾個保守派播客（podcast）。

更嚴肅的方法涉及你的人際關係組合。問問自己：我會去那些我的觀點會變成少數的地方嗎？我聆聽多元的觀點嗎？我會和那些政治立場不同的人建立個人友誼嗎？誠實回答這些問題，並將擴大意識形態社交圈列入你的年度計畫。

搞清楚另一邊的人想說什麼，將會幫助你更了解他們。你會成為一個更堅強的人，更不容易在聽到不同觀點時覺得憤憤不平，或是沒有安全感。此外，這種理解也會改善你表達及捍衛自己信念的能力，讓別人覺得你說的話有說服力，或至少站得住腳。你可能可以改變一兩個人的想法。如果你的論證很薄弱，你也會第一個知道。

走出同溫層也意味著（我混合使用著隱喻）打破認同的枷鎖。在今天的美國，人們主要依據強烈人口學色彩的術語（包括政治類別）來產生自我認同。當然，這種認同方式可以創造出歸屬感以及大量的力量。但是大多數時候，它只會強調我們的差異而已。如果我們想要一個團結的國家，能夠應對未來幾年的共同挑戰，那麼這種主張最終只會適得其反。正是那些基於人口學特徵的簡化的身分認同使我們與別人疏遠、失去連結，也讓他人在我們眼中變成可以輕蔑對待的外人。

讀到這裡，讀者們都知道我心目中偉大的道德英雄之一是達賴喇嘛，我認為他比任何我遇過的人都要理解尋常故事與個人認同之間的平衡。他曾經這樣說：「我是西藏人，我是佛教徒，我是達賴喇嘛，但如果強調這些差異，它就會使我和其他人之間產生隔閡，並在我們之間樹立起一道道藩籬。我們需要更關注我們和其他人相似之處。」[2]

我們的使命是找到真實存在的共同基礎，改善自己的論證，並透過寬宏大量、理解力、幽默及愛來贏得願意接受說服的人支持。躲在我們那狹窄的意識形態保護殼裡達不成這個目標。對領導者而言尤其如此，每個正在閱讀這本書的人都是領導者，或如果你選擇的話，你就可以成為領導者。

規則三：對輕蔑說不。以愛和尊重的態度對待他人，即便這很困難。

輕蔑是我們今天文化中的問題，而絕不是解決辦法。我們深陷於兩極對立，無法取得進步，因為輕蔑在美國創造出充滿仇恨的部落主義。不要成為這個問題的一部分。不要羞辱、嘲弄別人。正如心理學家約翰・高特曼（John Gottman）在第一章時教過我們的，不要翻白眼！

我必須回到我反覆重申的一點：不要用輕蔑的態度對待他人，**即使你認為那是他們應得的**。首先，你的輕蔑讓別人不可能接受說服，因為從來沒有人因為受到羞辱而同意別人的觀點。第二，你預設某些人無法講理也許是錯的。我在本書中舉過許多例子，說明正是因為人們沒有用輕蔑的態度對待彼此，才能形成難能可貴的連結。最後，輕蔑對輕蔑者本人一定會造成傷害。雖然一時痛快，卻會讓人很快地變得不快樂，輕蔑甚至有害健康。

「我如何避免對某個不道德的人展現出輕蔑的態度？」我每天都聽到人在問這個問題。在每個情況中，你認為的那些不道德的人，他們的道德層面都不是你關心的，像是同理心與公平。他們只是和你在像是忠誠、純潔和權威等議題上有著不同的道德品味而已，但這沒關係。把注意力集中在對你們兩人最重要的事情上就好。

當你受到人輕蔑對待時又怎麼樣呢？如果你上社交媒體、到校園中或生活在我們社會上，你很快就會遇到這種事。你應該有什麼反應？答案是不要把它視為威脅，而要當成一個機會。為什麼？因為一個人對你表達輕蔑時，正是你可以至少改變一個人的心的機會——你自己的心。用熱誠與幽默來回應。你的生命將會有點滴的改變。

我保證你會變得更快樂。其他人也許會看見你的改變，如果這多少也影響了他們，那也會是往好的方向。

聽起來好像我在告訴你要當個好人。正確答案。輕蔑待人與和氣待人本來就水火不融。為了避免你擔心當個好人會有害你在職場和生活中取得成功，因為你可能會看起來像個好好先生，這本書提供你一堆指出相反事實的經驗證據。總是當個討人厭的人也許一時好過，但最後總是好好先生（和女士）先馳得點。

那些真正想要促進共善的領導者和想要透過操縱大眾獲取個人利益的領導者正好相反，對他們而言，否定輕蔑的態度並擁抱對他人的愛並不意味著採取一種威權的領導模式。強迫、分裂及兩極化終究不會帶來益處，也絕不會被採用。相反的，他們的目標應該是致力於用希望的願景以及一種包容他者想法的模式來啟發他人。

關於這個話題，最後再多說一句。你也許現在會覺得有點罪惡感。如果你近幾年持續參與政治討論，你可能已經成了一名嘴砲戰士，對於你說過的那些輕蔑人的話，無論是直接或是背著人說，你現在覺得有罪惡感。我也有。我們該怎麼做呢？

記得在前幾章中，我把輕蔑成癮跟酒精上癮做比較？對一個決心改頭換面的輕蔑成癮者，我們可以從匿名戒酒協會學到一課。匿名戒酒協會會帶著成員經歷十二個步驟來恢復正常生活，其中的步驟九是：「盡可能直接補償這些人，除非這樣做會傷害到他們或其他人。」

你曾用尖酸刻薄的話、嘲弄或不屑一顧的態度傷害過誰嗎？你曾經因為政治而放棄一段親密人際關係的數百萬美國人之一嗎？現在是說抱歉的時候。也許你可以說，「我知道我們意見不同，但你比我們之間的分歧更重要。抱歉我讓我們之間的分歧搞砸了我們的關係。」如果那個人不接受你的道歉，那是個遺憾，但這樣做仍然會對**你的**心有幫助。

這個想法讓你緊張起來了嗎？也許這樣做之前你會需要先喝幾杯（開玩笑的）。

規則四：更好的分歧。參與良性的理念之爭。

如果你只是瞄了這本書的封面一眼，也許很容易會下結論：我的主張就是透過減少和他人的分歧來避免分歧產生。現在你知道那跟我的觀點相距甚遠。

有分歧是好的，因為競爭是好的。競爭是政治的民主體制與經濟市場背後的運作基礎。市場與民主體制讓美國成為歷史上最成功的國家，吸引了全世界奮發向上的人，給了本書大部分讀者一個美好生活，並為世界各地的人們創造了一個榜樣。在政治和經濟上，競爭（受到法治及道德約束的競爭）帶來卓越。

政治和經濟如此，在理念的世界中亦然。該用什麼來稱呼理念之爭？**分歧**。分歧幫助我們創新、改善、修正，以及發現真理。

當然，理念之爭就像自由市場與自由選舉，需要適當的行為才能發揮作用。沒有人會認為駭客入侵投票機器是健康民主體制的一環，也沒有人認為裙帶關係和腐敗該是自由企業的運作方式。事實上，這些東西都跟競爭對立；它們是**迴避**競爭的方法。同樣的，任何讓開放、尊重地表達分歧變得更困難或不可能，都不符合真正的理念之爭。

今天，我們關閉理念之爭的最明顯方式就是讓某些聲音與觀點沉默無聲。機構可以做到這點，想想看那場在某些大學中展開的運動，目的就是對厭惡的人和觀點「剝奪舞台」。但是個人也可以這麼做，當他們刻意篩選接收的新聞與資訊，排除他們不同意的觀點時，也會出現同樣效果。

在理念之爭中較不明顯但更重要的是，我們對待意見不同他人的態度。我們之所以會深陷於部落主義和認同政治的亂局之中，不是因為剝奪他人的發聲管道，或是窄化社交媒體的訊息來源，那些只是問題的表徵而已。真正的問題是我們對他人的輕蔑態度。輕蔑扼殺了理念之爭。

對於一個想要透過顛覆這一切來改變國家的人，唯一也最有效的辦法不是減少分歧，而是追求更好的分歧，在進行嚴肅真誠的辯論時，仍以愛和尊重的態度對待每一個人。

規則五：轉台，盡量不要投入不具生產力的辯論。

最後四條規則總結了這本書的經驗教訓。然而，我知道在結束這本書前，我還得給你們一條規則。我猜想，你，就和我一樣，對於理念的世界極端著迷。那樣很好，但有時候也會造成麻煩。

在我的大半生裡，我都認為我要對世界產生正面的影響，我就必須盡可能了解這個世界。我二十來歲時，在巴塞隆納當法國號手謀生，沒有打算改變職業，也對公共政策沒興趣，但我卻決定要訂《經濟學人》雜誌。當時我只是覺得需要知道更多關於這世界的訊息，才能成為一個更好的公民。

許多人都是這個理論的信徒，媒體產業當然也希望你這樣想。但這想法是正確的嗎？這些日子以來，是更多資訊還是更少資訊能夠強化你成為一個有建設性的快樂公民？讓你成為一個有建設性的快樂公民當然不是今天大部分媒體的目標。點擊你最愛的報紙的應用軟體，你立刻會陷入演算法的複雜網羅，它會餵食根據你的品味與傾向篩選出來的故事，目的就是為了讓你在閱讀上花越長的時間越好。社交媒體網站的設計不是為了告訴你資訊，而是要滿足你對多巴胺的癮頭，那是種與所有成癮行為及成癮物有關的神經傳導物質。

資訊的自由流動顯然對一個自由社會很重要。公眾的無知是對自由的威脅，因為它會助長動機錯誤的權力者。但成為一個知情的參與者很重要，這件事絕不能讓我們導出一個結論：無論何時、何地，對你或是對於國家而言，在你生活中有越多的媒體越好。

我希望我在這本書中已經說服你，社交媒體正在製造出大麻煩，正如囿於意識形態偏見的有線電視持續引發公眾憤怒一樣。

解決辦法是選擇性及定量接收資訊。透過傾聽、閱讀及收看「另外一邊」的媒體，來擴大你封閉的意識形態視野。擺脫經過你刻意篩選的社交媒體新聞動態，停止關注那些煽動輕蔑的公眾人物，即便你同意他們的看法。更好的做法是大幅減少使用社交媒體，也許限制在一天幾分鐘就好。這樣做除了幫助這個國家，也會讓你變得更快樂。我一個朋友是一位擁有大量社交媒體粉絲的知名記者，他曾私下向我透露，查看他自己的推特消息最令他焦慮。只要一點開他的消息通知，他就立刻覺得自己的胸口緊縮。也許你也能體會他的感受。如果真是如此，找回你的主控權。

想試試更激進的做法嗎？暫時全面停止討論及思考政治吧，做個政治淨化。下定決心兩個禮拜（也許在你的下次假期中）不要閱讀、收看或收聽任何跟政治有關的事情。不要和任何人討論政治。當你發現自己又在想著政治時，找別的事情轉移你的注意力。當然了，這很難做到，但不是不可能的任務。你只需要提前計畫並堅定實行。

和朋友及同事討論這個提議時，我察覺到一種起初會有的恐懼。就像是：「如果我不理會政治，我也許會更快樂，但這樣做很不負責任。法西斯主義者，」（我的保守派朋友在這裡要說的是「共產主義者」)「會在全國肆無忌憚地亂竄。」這是彌爾那句格言「只要好人袖手旁觀，壞人就能為所欲為」的某種版本。

你是這樣想的嗎？事實是：如果你停止討論政治幾個禮拜，**什麼都不會改變**，除了你可能因為不會三句話不離政治而被邀請參加更多的聚會以外。

此外，不管你知道還是不知道，你也許都需要喘口氣。之後，你可以帶著更多的看法重新回到當前的事件當中。我有三個預測：首先，你會發現正是有點像是白天播的八點檔，就算幾個禮拜沒看也不會跟不上劇情。第二，你會更清楚看見媒體跟政治這個製造醜聞的工業複合體的真正樣貌：一小撮有權力的人為了自身利益，希望讓你一直處在亢奮狀態。第三，就像任何改頭換面的成癮症者，你會明白你浪費了多少時間，以及你如何嚴重忽視了你真正深愛的人事物。

當你從政治淨化中回到日常軌道，你要如何避免又落入從前舊有的模式中呢？下定決心關注理念，而不是只關注政治。正如我在這本書的開頭就說過的，理念與政治不是同一回事；理念就像氣候，政治則像天氣。這世界上充滿了業餘的政治天氣預報員。但這世界需要更多關切理念氣候的人。也許最重要的是，雖然政治製造了敵意與輕蔑，但人們一般可以對理念表達不同意見，而不會產生怨恨不滿。舉例來說，我不認識有人會因為對於全民基本收入這個理念的利弊有不同意見，而不再和家人交談。

我將這整本書濃縮成幾個經驗教訓。還想要簡單點嗎？去找一個與你意見相左的人，專心聽他說話，並以尊重和愛的態度來對待他或她。一切將從那裡自然而然地展開。

把它想像成傳福音。傳教士通常都是普通人，他們懷抱著一個更美好世界的願景，並想要將它分享給人。他們面臨著許多反對力量。在像是中國那樣的地方，他們的人身安全受到威脅，甚至在美國，大部分的人聽到門外傳出傳教士的叩門聲時，也會低聲說：「假裝我們不在家！」但有些人還是會打開門，然後其中一些人會聽他們說話，並說：「我真的想要那樣。」勸服人改變信仰的工作就是這樣進行的。傳教士提供他人一個新的、清晰的、充滿目的性的願景，接著再遞給他們實現那個願景的工具。無論其他人如何接受他們的見證，結束時他們總是充滿喜悅。在我家附近有一座天主教避靜所，我和我妻子有時會在那裡為已訂婚的夫婦教授婚姻預備課程。（當我們訂婚時，我們幾乎完全不說同一種語言，我們不推薦這種溝通方式。）在那座教堂的門上有個告示牌，不是在進來的門，而是在通往停車場的那個門上。那是寫給人們，讓他們在離開時看的。上面寫：你現在正走入傳揚福音的國度。這個訊息簡單卻極有深意：你在這裡是因為你找到了美好與真實的事物。但你要走出去，去尋找那些還沒有找到你發現的事物的人們。你有分享它的特權，你要帶著喜樂與自信。

這不該只是個宗教訊息，這應該是給所有希望國家和世界更美好的人的訊息。你**知道**我們的世界需要什麼：更多的愛，更少的輕蔑。我希望在讀完這本書後，你對於如何參與這場讓世界變得更美好的運動，已經有了清晰概念，也對於這個願景充滿熱情。所以，當你放下這本書時，我只希望你能記住一件事：你現在正走入傳揚福音的國度。

致謝

我的感謝名單要從這兩人開始：我的同事馬可・提森（Marc Thiessen），一位偉大的作家與思想家，由於他長時間的付出，才讓一疊筆記與影片最終能成為這本書；還有我的研究助理納森・湯普森（Nathan Thompson），協助我在整本書的書寫中保持正確、一致、容易理解且具同理心，現在的他正準備攻讀博士學位，並迎接燦爛的學者生涯。這本書裡的所有錯誤只能歸我，但如果沒有馬克與納森，這本書就不可能問世。

當這本書出版時，我擔任美國企業研究院（American Enterprise Institute，簡稱AEI）所長的十年生涯也即將來到終點。能夠服務於AEI並在為人類尊嚴與潛能奮戰的同僚環境下工作，是我一生莫大的殊榮。我尤其感激下列人們對於本書寫作的協助：傑森・波屈（Jason Bertsch）、約翰・庫賽（John Cusey）、尼克・艾伯斯塔德（Nick

Eberstadt）、大衛・葛森（David Gerson）、瑞秋・曼非諦（Rachel Manfredi）、史賓塞・摩爾（Spencer Moore）以及查爾斯・穆瑞（Charles Murray）。對於塞西・葛洛利（Ceci Gallogly）、和艾比・紀得拉（Abby Guidera）我要致上特別的感謝，他們管理我的辦公室和創作工作，因此也管理了我一大部分的生活。

我深深感激 AEI 的共同主席楚利・費里曼（Trully Friedman）及丹尼爾・達尼羅（Daniel D'Aniello），感謝他們對我的友誼及無盡支持；還有瑞文諾・柯瑞（Ravenel Curry）和他故去的妻子貝絲，感謝他們過去十年中對我工作的付出。我也要感謝 AEI 理事會以及全國委員會所提供的智慧與指導。

對於 AEI 人性尊嚴計畫（Human Dignity Project）的支持，這本書也是其中一部分，我想要感謝德克與貝特西・戴佛斯基金會（Dick and Betsy DeVos Foundation）、道格與瑪麗亞・戴佛斯基金會（Doug and Maria DeVos Foundation）、格羅佛・賀曼基金會（Grover Hermann Foundation）、柯恩家族基金會（Kern Family Foundation）、安舒茲基金會（The Anschutz Foundation）、普立斯頓・布察（Preston Butcher）、蓋瑞及南西・查川（Gary and Nancy Chartrand）、亞瑟・A・蕭卡（Arthur A. Ciocca）、喬瑟夫・W・克拉夫特三世（Joseph W. Craft III）以及尊敬的凱莉・克拉夫特（Honorable Kelly Craft）

閣下、麥可・費南德茲（Mike Fernandez）、愛德及海倫・辛茲（Ed and Helen Hintz）、吉米・穆尼（Jim Mooney）、喬治及琳尼雅・羅伯茲（George and Linnea Roberts），以及史提夫與艾咪・凡・安德爾（Steve and Amy Van Andel）。

我要感謝以下兩位的技巧與指導，他們是我在Broadside Books出版社的編輯艾瑞克・尼爾森（Eric Nelson），以及我在加拉蒙代理公司（Garamond Agency）的出版經紀人麗莎・亞當斯（Lisa Adams）。這本書中的幾個主題源於我在《紐約時報》的專欄，因此也要感謝我在那裡的編輯：吉米・道（Jim Dao）以及傑米・萊爾森（Jamie Reyerson）。強納森・海特（Jonathan Haidt）以及艾莉森・史坦格（Allison Stanger）閱讀了本書手稿的早期版本，並惠賜我寶貴意見。

許多精神上的導師都直接、間接地影響了本書。首先是第十四世達賴喇嘛。過去六年來我們的多場談話及共同寫作，形塑了我大部分的思考。另一位導師則是諾丘爾・文卡塔拉曼先生（Sri Nochur Venkataraman），二〇一八年二月時我曾於印度庫努姆普蘭（Kunnumupuram）拜訪過他。經過幾小時關於超越性事物的談話之後，他告訴我，我的精神導師是我的妻子，伊絲特・蒙特布―克斯（Ester Munt-Brooks）。他的意思就是字面上的，而我相信他說的是對的。對於愛以及對一切人的同情，我生命中沒有人比她透過態度及行動教會我更多。

最後，我要以這本書來紀念阿恩·帕努拉（Arne Panula）神父，華盛頓特區天主教訊息中心（Catholic Information Center）的主持神父，直到他於二〇一七年去世為止。我在他生命的最後幾週開始這本書的寫作。將近九年來，阿恩神父每一個月都幫助我學習並活出〈馬太福音〉五章四十四節的教導，本書的書名即是來自這段經節。

本書銷售所得版稅均用於支持 AEI。

注釋

引言 吵不停，受夠了嗎？

1. Laura Paisley, "Political Polarization at Its Worst since the Civil War," *USC News*, Nov. 8, 2016, https://news.usc.edu/110124/political-polarization-at-its-worst-since-the-civil-war-2.
2. John Whitesides, "From Disputes to a Breakup: Wounds Still Raw after U.S. Election," *Reuters*, Feb. 7, 2017, 2017, https://www.reuters.com/article/us-usa-trump-relationships-insight/from-disputes-to-a-breakupwounds-still-raw-after-u-s-election-idUSKBN15M13L.
3. Justin McCarthy, "Small Majority in U.S. Say the Country's Best Days Are Ahead," Gallup, July 3, 2018, https://news.gallup.com/poll/236447/small-majority-say-country-best-days-ahead.aspx.
4. "Study: Voters Frustrated That Their Voices Are Not Heard," Congressional Institute, Feb. 3, 2017, https://www.conginst.org/2017/02/03/study-voters-frustrated-that-their-voices-are-not-heard.
5. Chauncey Alcorn, "Speaking at a Trump Rally Made this BLM Activist an Outcast," *VICE*, Oct. 19, 2017, https://www.vice.com/en_us/article/wjx9m4/speaking-at-a-trump-rally-made-this-blm-activist-an-outcast.
6. "Interview with Mother of All Rallies Organizer Tommy Hodges a.k.a. Tommy Gunn," YouTube video, Sep. 16, 2017, https://www.youtube.com/watch?v=9PFhZMvuBHo.
7. Arthur Schopenhauer, *The Horrors and Absurdities of Religion: Mankind Is Growing Out of Religion as Out of Its Childhood Clothes*, trans. R. J. Hollingdale (New York: Penguin, 1970), "On Religion: A Dialogue," no. 11.
8. "Contempt," *Encyclopedia of World Problems and Human Potential*, June 17, 2018, http://encyclopedia.uia.org/en/problem/139329.
9. Thomas Aquinas, *Summa Theologica*, I-II, Question 26, Article 4.
10. Michael Novak, "Caritas and Economics," *First Things*, Jul. 6, 2009, https://www.firstthings.com/web-exclusives/2009/07/caritas-and-economics.

第1章 輕蔑的風氣

1. Adam Waytz, Liane L. Young, and Jeremy Ginges, "Motive Attribution Asymmetry for Love vs. Hate Drives Intractable Conflict," *Proceedings of the National Academy of Sciences of the United States of America* 111, no. 44 (Nov. 2014): 15687-92, doi: 10.1073/pnas.1414146111.
2. Agneta H. Fischer and Ira J. Roseman, "Beat Them or Ban Them: The Characteristics and Social Functions of Anger and Contempt," *Journal of Personality and Social Psychology* 93, no. 1 (July 2007): 103–15, doi: 10.1037/0022-3514.93.1.103.
3. John M. Gottman, "A Theory of Marital Dissolution and Stability," *Journal of Family Psychology* 7, no. 2 (June 1993): 57–75, doi: 10.1037/0893-3200.7.1.57.
4. Kim T. Buehlman, John M. Gottman, and Lynn F. Katz, "How a Couple Views Their Past Predicts Their Future: Predicting Divorce from an Oral History Interview," *Journal of Family Psychology* 5, nos. 3-4 (Mar.-June 1992): 295-318, doi: 10.1037/0893-3200.5.3-4.295.
5. John M. Gottman, "A Theory of Marital Dissolution and Stability," *Journal of Family Psychology* 7, no. 2 (June 1993): 57-75, doi: 10.1037/0893-3200.7.1.57.
6. Joseph Flaherty, "Arizona Congressman Paul Gosar's Siblings Endorse Rival in New Campaign Ads," *Phoenix New Times*, Sept. 21, 2018, https://www.phoenixnewtimes.com/news/arizona-congressman-paul-gosars-siblings-endorse-opponent-10849863.
7. Paul Gosar (@DrPaulGosar), "My siblings who chose to film ads against me are all liberal Democrats who hate President Trump. These disgruntled Hillary supporters are related by blood to me but like leftists everywhere, they put political ideology before family. Stalin would be proud. #Az04 #MAGA2018," Twitter, Sept. 22, 2018, 11:24 a.m.
8. David A. Graham, "Really, Would You Let Your Daughter Marry a Democrat?" *The Atlantic*, Sept. 27, 2012, https://www.theatlantic.com/politics/archive/2012/09/really-would-you-let-your-daughter-marry-ademocrat/262959/.
9. Thomas Jefferson, "From Thomas Jefferson to Henry Lee, 10 August 1824," Rotunda, http://rotunda.upress.virginia.edu/founders/default.xqy?keys=FOEA-print-04-02-02-4451.
10. Agneta H. Fischer and Ira J. Roseman, "Beat Them or Ban Them: The Characteristics and Social Functions of Anger and Contempt."
11. Kirsten Weir, "The Pain of Social Rejection," American Psychological Association *Monitor on Psychology* 43, no. 4 (Apr. 2012), 50, http://www.apa.org/

monitor/2012/04/rejection.aspx.
12. Weir, "Pain of Social Rejection."
13. Stephen Hawkins, et al., "Hidden Tribes: A Study of America's Polarized Landscape," More in Common, 2018, https://static1.squarespace.com/static/5a70a7c3010027736a22740f/t/5bbcea6b-7817f7bf7342b718/1539107467397/hidden_tribes_report-2.pdf.
14. John Wagner and Scott Clement, " 'It's Just Messed Up' : Most Think Political Divisions as Bad as Vietnam Era, New Poll Shows," *Washington Post*, Oct. 28, 2017, https://www.washingtonpost.com/graphics/2017/national/democracy-poll/?utm_term=.c6b95de49f42.
15. "APA Stress in America Survey: US at 'Lowest Point We Can Remember'; Future of Nation Most Commonly Reported Source of Stress," American Psychological Association, Nov. 1, 2017, http://www.apa.org/news/press/releases/2017/11/lowest-point.aspx.
16. "APA Stress in America Survey."
17. "Many See Potential Harm from Future Gridlock, for the Nation and Personally," Pew Research Center, Dec. 11, 2014, http://www.people-press.org/2014/12/11/few-see-quick-cure-for-nations-political-divisions/12-11-2014_02.
18. Joshua Bleiberg and Darrell M. West, "Political Polarization on Facebook," May 13, 2015, https://www.brookings.edu/blog/techtank/2015/05/13/political-polarization-on-facebook.
19. Itai Himelboim, Stephen McCreery, and Marc Smith, "Birds of a Feather Tweet Together: Integrating Network and Content Analysis to Examine Cross-Ideology Exposure on Twitter," *Journal of Computer-Mediated Communication* 18, no. 2 (Jan. 2013): 40-60, doi: 10.1111/jcc4.12001.
20. Neil Malhotra and Gregory Huber, "Dimensions of Political Homophily: Isolating Choice Homophily along Political Characteristics," Stanford Graduate School of Business Working Paper No. 3108 (Oct. 2013), https://www.gsb.stanford.edu/faculty-research/working-papers/dimensions-political-homophily-isolating-choice-homophily-along.
21. "Partisan Animosity, Personal Politics, Views of Trump," Pew Research Center, Oct. 5, 2017, http://www.people-press.org/2017/10/05/8-partisan-animosity-personal-politics-views-of-trump.
22. "Partisan Animosity."
23. "Partisanship and Political Animosity in 2016," Pew Research Center, June 22, 2016, http://www.people-press.org/2016/06/22/partisanship-and-political-animosity-

in-2016.

24. David Blankenhorn, "The Top 14 Causes of Political Polarization," *American Interest*, May 16, 2018, https://www.the-american-interest.com/2018/05/16/the-top-14-causes-of-political-polarization.
25. "Reelection Rates over the Years," Open Secrets, Center for Responsive Politics, https://www.opensecrets.org/overview/reelect.php. 數字來自2012、2014、2016年的連任率，本書撰寫期間尚未有2018期中選舉結果，但是現任者連任的比例很可能會接近目前連任率的至少百分之九十。
26. Matthew D. Lieberman, *Social: Why Our Brains Are Wired to Connect* (New York: Crown, 2013), 247.
27. Lieberman, *Social*, 247.
28. Julianne Holt-Lunstad, Timothy B. Smith, and J. Bradley Layton, "Social Relationships and Mortality Risk: A Meta-analytic Review," *PLoS Medicine* 7, no. 7 (July 2010): doi: 10.1371/journal.pmed.1000316.
29. "The Health Benefits of Strong Relationships," *Harvard Women's Health Watch*, Dec. 2010, https://www.health.harvard.edu/newsletter_article/the-health-benefits-of-strong-relationships.
30. "Emory Brain Imaging Studies Reveal Biological Basis for Human Cooperation," Emory Health Sciences Press Release, July 19, 2002, http://whsc.emory.edu/_releases/2002july/altruism.html.
31. 同上。
32. Matthew D. Lieberman, *Social: Why Our Brains Are Wired to Connect* (New York: Crown Publishers, 2013).
33. Plato, *The Republic*, trans. Benjamin Jowett (Los Angeles: Madison Park, 2010), 75.
34. Aristotle, *Nicomachean Ethics*, trans. W. D. Ross (Stilwell: Digireads. com, 2005), 8.1.
35. Psalms 133:1 (New International Version).
36. Matthew 12:25 (New International Version).
37. *Bhagavad Gita*, trans. Stephen Mitchell (New York: Harmony Books, 2000), 186.
38. Thomas Paine, *Common Sense*, Project Gutenberg, June 9, 2008, https://www.gutenberg.org/files/147/147-h/147-h.htm.
39. James Madison, *The Federalist Papers*, No. 14, Avalon Project, Lillian Goldman Law Library, Yale University, 2008, http://avalon.law.yale.edu/18th_century/fed14.asp.
40. John Adams, "From John Adams to Jonathan Jackson, 2 October 1780," Founders Online, National Archives, last modified June 13, 2018, https://founders.archives.

gov/documents/Adams/06-10-02-0113.
41. George Washington, "Washington's Farewell Address," Avalon Project, Lillian Goldman Law Library, Yale University, 2008, http://avalon.law.yale.edu/18th_century/washing.asp.
42. Mark 10: 46-51 (New International Version).
43. "Brief Biography," Office of His Holiness the Dalai Lama, https://www.dalailama.com/the-dalai-lama/biography-and-daily-life/brief-biography.
44. Pico Iyer, The Open Road: The Global Journey of the Fourteenth Dalai Lama (New York: Borzoi Books, 2008).
45. Eknath Easwaran, Essence of the Dhammapada: The Buddha's Call to Nirvana (Tomales, CA: Nilgiri Press: 2013), 263.

第2章　有客氣待人的勇氣嗎？

1. Geoffrey C. Urbaniak and Peter R. Kilmann, "Physical Attractiveness and the 'Nice Guy Paradox': Do Nice Guys Really Finish Last?" *Sex Roles* 49, no. 9-10 (Nov. 2003), doi: 10.1023/A:1025894203368.
2. Edward S. Herold and Robin R. Milhausen, "Dating Preferences of University Women: An Analysis of the Nice Guy Stereotype," *Journal of Sex & Marital Therapy* 25, no. 4 (Oct.-Dec. 1999): 333-43, doi: 10.1080/00926239908404010.
3. Wendy Iredale and Mark Van Vugt, "The Peacock's Tail of Altruism," *The Psychologist* 22 (Nov. 2009), https://thepsychologist.bps.org.uk/volume-22/edition-11/peacocks-tail-altruism.
4. Daniel Farrelly, Paul Clemson, and Melissa Guthrie, "Are Women's Mate Preferences for Altruism Also Influenced by Physical Attractiveness?" *Evolutionary Psychology* 14, no. 1 (Jan.-Mar. 2016): 1-6, doi: 10.1177/1474704915623698.
5. Gurit E. Birnbaum, et al., "Why Do Men Prefer Nice Women? Gender Typicality Mediates the Effect of Responsiveness on Perceived Attractiveness in Initial Acquaintanceships," *Personality and Social Psychology Bulletin* 40, no. 10 (July 2014): 1341-53, doi: 10.1177/0146167214543879.
6. Christine L. Porath, Alexandra Gerbasi, and Sebastian L. Schorch, "The Effects of Civility on Advice, Leadership, and Performance," *Journal of Applied Psychology* 100, no. 5 (Sept. 2015): 1527-41, doi: 10.1037/apl0000016.
7. Andrew E. White, Douglas T. Kenrick, and Steven L. Neuberg, "Beauty at the Ballot Box: Disease Threats Predict Preferences for Physically Attractive Leaders," *Psychological Science* 24, no. 12 (Oct. 2013): 2429-36, doi:10.1177/0956797613493642.

8. Amy J. C. Cuddy, Matthew Kohut, and John Neffinger, "Connect, Then Lead," *Harvard Business Review*, July-Aug. 2013, https://hbr.org/2013/07/connect-then-lead.
9. James M. Citrin and Richard A. Smith, *The 5 Patterns of Extraordinary Careers (New York: Crown Business, 2003).*
10. Mike Wooldridge, "Mandela Death: How He Survived 27 Years in Prison," BBC News, Dec. 11, 2013, http://www.bbc.com/news/world-africa-23618727.
11. Tal Ben-Shahar, *Choose the Life You Want: The Mindful Way to Happiness* (New York: The Experiment, 2012), 116.
12. James Douglas Laird, "Self-Attribution of Emotion: The Effects of Expressive Behavior on the Quality of Emotional Experience," *Journal of Personality and Social Psychology* 29, no. 4 (May 1974): 475-86, doi: 10.1037/h0036125.
13. Tiffany A. Ito, et al., "The Influence of Facial Feedback on Race Bias," *Psychological Science* 17, no. 3 (Mar. 2006): 256-61, doi: 10.1111/j.1467-9280.2006.01694.x.
14. Paul Ekman and Richard J. Davidson, "Voluntary Smiling Changes Regional Brain Activity," *Psychological Science* 4, no. 5 (Sept. 1993): 342-45, doi: 10.1111/j.1467-9280.1993.tb00576.x.
15. Steven Covey, *The 7 Habits of Highly Effective People* (New York: Free Press, 1989), 78-80.
16. Arthur Aron, Edward Melinat, and Elaine N. Aron, "The Experimental Generation of Interpersonal Closeness: A Procedure and Some Preliminary Findings," *Personality and Social Psychology Bulletin* 23, no. 4 (Apr. 1997): 363-77, doi: 10.1177/0146167297234003.
17. Mandy Len Catron, "To Fall in Love with Anyone, Do This," *New York Times*, Jan. 9, 2015, https://www.nytimes.com/2015/01/11/fashion/modern-love-to-fall-in-love-with-anyone-do-this.html.
18. Randee Dawn and Melissa Dunlop, "36 Questions to Reignite the Flame: Love Quiz by Arthur Aron," *Today*, Feb. 17, 2015, https://www.today.com/health/36-questions-reignite-flame-love-quiz-couples-t3221.
19. Dale Carnegie, *How to Win Friends & Influence People* (New York: Pocket Books, 1936), 53-54.
20. Robert A. Emmons and Michael E. McCullough, "Counting Blessings versus Burdens: An Experimental Investigation of Gratitude and Subjective Well-Being in Daily Life," *Journal of Personality and Social Psychology* 84, no. 2 (Feb. 2003): 377-89, doi: 10.1037/0022-3514.84.2.377.

21. Luke 6: 32, 35 (New International Version).
22. Abraham Lincoln, "First Inaugural Address of Abraham Lincoln," Avalon Project, Lillian Goldman Law Library, Yale University, 2008, http://avalon.law.yale.edu/19th_century/lincoln1.asp.

第3章　給領導者的愛的課程

1. Daniel Kahneman, et al., "A Survey Method for Characterizing Daily Life Experience: The Day Reconstruction Method," *Science* 306, no. 5702 (Dec. 3, 2004): 1776-80, doi: 10.1126/science.1103572.
2. Niccolo Machiavelli, *The Prince*, trans. Harvey C. Mansfield (Chicago: University of Chicago Press, 1985), 66.
3. Daniel Goleman, "Leadership That Gets Results," *Harvard Business Review*, Mar.-Apr. 2000, https://hbr.org/2000/03/leadership-that-gets-results.
4. Martin Luther King Jr., "MLK Quote of the Week," King Center, Apr. 9, 2013, http://www.thekingcenter.org/blog/mlk-quote-week-all-laboruplifts-humanity-has-dignity-and-importance-and-should-be-undertaken.
5. Nicholas Eberstadt, "Men without Work," *American Consequences*, Jan. 30, 2018, https://americanconsequences.com/men-without-work.
6. Eberstadt, "Men without Work."
7. Eberstadt, "Men without Work."
8. Anne Case and Angus Deaton, "Rising Morbidity and Mortality in Midlife among White Non-Hispanic Americans in the 21st Century," *Proceedings of the National Academy of Sciences of the United States of America* 112, no. 49 (Dec. 8, 2015): 15078-83, doi: 10.1073/pnas.1518393112.
9. "Overdose Death Rates," National Institute on Drug Abuse, Aug. 2018, https://www.drugabuse.gov/related-topics/trends-statistics/overdosedeath-rates.
10. Sally Satel, "Taking on the Scourge of Opioids," *National Affairs* 37 (Summer 2017): 3-21, https://www.nationalaffairs.com/publications/detail/taking-on-the-scourge-of-opioids.
11. "Working-Class Whites Poll," Kaiser Family Foundation/CNN, Sept. 21, 2016, http://files.kff.org/attachment/Kaiser-Family-Foundation-CNN-Working-Class-Whites-Poll-Topline-Day-3.
12. Danielle Kurtzleben, "Here's How Many Bernie Sanders Supporters Ultimately Voted for Trump," NPR, Aug. 24, 2017, https://www.npr.org/2017/08/24/545812242/1-in-10-sanders-primary-voters-ended-upsupporting-trump-survey-finds.

13. Jeff Stein, "The Bernie Voters Who Defected to Trump, Explained by a Political Scientist," Vox, Aug. 24, 2017, http://www.vox.com/policy-and-politics/2017/8/24/16194086/bernie-trump-voters-study.
14. "Exit Polls," CNN, Nov. 23, 2016, https://www.cnn.com/election/2016/results/exit-polls.
15. Matthew Yglesias, "What Really Happened in 2016," *Vox*, Sept. 18, 2017, https://www.vox.com/policy-and-politics/2017/9/18/16305486/what-really-happened-in-2016.
16. Shannon Monnat and Scott Simon, "Study: Communities Most Affected by Opioid Epidemic Also voted for Trump," NPR, Dec. 17, 2016, https://www.npr.org/2016/12/17/505965420/study-communities-most-affected-by-opioid-epidemic-also-voted-for-trump.
17. Philip Bump, "The Counties That Flipped Parties to Swing the 2016 Election," *Washington Post*, Nov. 15, 2016, https://www.washingtonpost.com/news/the-fix/wp/2016/11/15/the-counties-that-flipped-partiesto-swing-the-2016-election/?utm_term=.a7008c8b78cb.
18. Paul O'Connell, Debra Pepler, and Wendy Craig, "Peer Involvement in Bullying: Insights and Challenges for Intervention," *Journal of Adolescence* 22, no. 2 (Aug. 1999): 437-52, doi: 10.1006/jado.1999.0238.
19. Jean Lipman-Blumen, *The Allure of Toxic Leaders: Why We Follow Destructive Bosses and Corrupt Politicians - and How We Can Survive Them* (Oxford: Oxford University Press, 2005).
20. Jennifer S. Lerner and Larissa Z. Tiedens, "Portrait of the Angry Decision Maker: How Appraisal Tendencies Shape Anger's Influence on Cognition," *Journal of Behavioral Decision Making* 19, no. 2 (Apr. 2006): 115-37, doi: doi.org/10.1002/bdm.515.
21. Matthew 10:34 (New International Version).
22. James Q. Wilson, *The Moral Sense* (New York: Free Press, 1993), 246.
23. "This Is What Happened When Black Lives Matter Activists Were Invited on Stage at a Pro-Trump Rally," NowThis Politics, Sept. 18, 2017, https://www.facebook.com/NowThisPolitics/videos/1912736818757799. 在寫作期間（Oct. 12, 2018）影片瀏覽次數已達到五千七百萬。
24. Jeffrey M. Jones, "Americans Divided on Whether King's Dream Has Been Realized," Gallup, Aug. 26, 2011, http://news.gallup.com/poll/149201/americans-divided-whether-king-dream-realized.aspx.

第4章　如何去愛缺德的人？

1. Jonathan Haidt and Jesse Graham, "When Morality Opposes Justice: Conservatives Have Moral Intuitions that Liberals may not Recognize," *Social Justice Research* 20, no. 1 (March 2007): 98-116, doi: 10.1007/s11211-007-0034-z; and Jesse Graham, Jonathan Haidt, and Brian A. Nosek, "Liberals and Conservatives Rely on Different Sets of Moral Foundations," *Journal of Personality and Social Psychology* 96, no. 5 (May 2009): 1029-46, doi: 10.1037/a0015141.
2. Augustine, *The Confessions*, trans. Maria Boulding (New York: New City Press, 1997), 9.
3. Ben Kenward and Matilda Dahl, "Preschoolers Distribute Scarce Resources According to the Moral Valence of Recipients'Previous Actions, " *Developmental Psychology* 47, no. 4 (July 2011): 1054-64, doi: 10.1037/a0023869.
4. Rimma Teper, Michael Inzlicht, and Elizabeth Page-Gould, "Are We More Moral than We Think? The Role of Affect in Moral Behavior and Moral Forecasting," *Psychological Science* 22, no. 4 (March 2011): 553-58, doi: 10.1177/0956797611402513.
5. F. A. Hayek *The Road to Serfdom: Text and Documents - The Definitive Edition* ed. Bruce Caldwell (London: The University of Chicago Press, 2007), 148.
6. Ronald Reagan, *First Inaugural Address*, Jan. 5, 1967, http://governors.library.ca.gov/addresses/33-Reagan01.html.
7. Jennifer Epstein, "Obama Tells Kids to Study, Not Watch 'Real Housewives,'"*Politico*, July 25, 2012, https://www.politico.com/blogs/politico44/2012/07/obama-tells-kids-to-study-not-watch-real-housewives-130139.
8. Scott Clement, "Hard-Working Taxpayers Don't Support Big Cuts to Food Stamps, It Turns Out," *Washington Post*, May 25, 2017, https://www.washingtonpost.com/news/the-fix/wp/2017/05/25/hard-workingtaxpayers-dont-support-big-cuts-to-food-stamps-it-turns-out/?utm_term=.fc5543d3ad29.
9. "Poll: Voters Want Welfare Reform," Foundation for Government Accountability, Feb. 1, 2018, https://thefga.org/poll/poll-voters-want-welfare-reform.
10. Barton Gellman, "Turning an About-Face into a Forward March," Washington Post, Apr. 1, 1993, https://www.washingtonpost.com/archive/politics/1993/04/01/turning-an-about-face-into-a-forward-march/3be67522-209e-4849-a738-c60e9fadbb1a/?utm_term=996823164eff.
11. David Wright and Sunlen Miller, "Obama Dropped Flag Pin in War Statement," *ABC News*, Oct. 4, 2007, https://abcnews.go.com/Politics/story?id=3690000&page=1.
12. Angie Drobnic Holan, "Obama Contradicts Previously Stated Pin Philosophy,"

Politifact, Apr. 18, 2008, https://www.politifact.com/truth-o-meter/statements/2008/apr/18/barack-obama/obama-contradicts-previously-stated-pin-philosophy/.

13. "National Public Opinion Survey, 2017," Remington Research Group, Sept. 25, 2017, http://remingtonrg.wpengine.com/wp-content/uploads/2017/03/NFL_9-25-17.pdf.
14. "Sex and Unexpected Pregnancies: What Evangelical Millennials Think and Practice," Grey Matter Research for National Association of Evangelicals, May 2012, https://www.nae.net/sex-and-unexpected-pregnancies.
15. George H. Gallup Jr., "Current Views on Premarital, Extramarital Sex," Gallup, June 24, 2003, http://news.gallup.com/poll/8704/current-views-premarital-extramarital-sex.aspx.
16. Jonathan Haidt, Evan Rosenberg, and Holly Hom, "Differentiating Diversities: Moral Diversity Is Not like Other Kinds," *Journal of Applied Social Psychology* 33, no. 1 (Jan. 2003): 1-36, doi:10.1111/j.1559-1816.2003. tb02071.x.
17. Shanto Iyengar, Tobias Konitzer, and Kent Tedin, "The Home as a Political Fortress: Family Agreement in an Era of Polarization," *Journal of Politics* 80, no. 4 (Oct. 2018): 1326-38, doi: 10.1086/698929.
18. Shanto Iyengar and Sean J. Westwood, "Fear and Loathing across Party Lines: New Evidence on Group Polarization," *American Journal of Political Science* 59, no. 3 (July 2015): 690-707, doi:10.1111/ajps.12152.
19. Gary Marcus, *The Birth of the Mind: How a Tiny Number of Genes Creates the Complexities of Human Thought* (New York: Basic Books, 2004), 34-40.
20. Luke 18: 11-13 (New International Version).

第5章　身分認同的力量與危險

1. Richard T. LaPiere, "Attitudes vs. Actions," *Social Forces* 13, no. 2 (Dec. 1934): 230-37, doi: 10.2307/2570339.
2. 可參考Thomas C. Schelling, "Dynamic Models of Segregation," *Journal of Mathematical Sociology* 1, no. 2 (1971): 143-86, doi: 10.1080/0022250X.1971.9989794.
3. Robert Putnam, *Bowling Alone: The Collapse and Revival of American Community* (New York: Simon & Schuster Paperbacks, 2000), 19.
4. Putnam, *Bowling Alone*, 22.
5. Putnam, *Bowling Alone*, 23.
6. Anthony B. Zwi and Natalie J. Grove, "Our Health and Theirs: Forced Migration, Othering, and Public Health," *Social Science & Medicine* 62, no. 8 (Apr. 2006): 1931-42, doi: 10.1016/j.socscimed.2005.08.061.

7. Robert D. Putnam, "*E Pluribus Unum*: Diversity and Community in the Twenty-First Century," *Scandinavian Political Studies* 30, no. 2 (June 2007): 137-74, doi: 10.1111/j.1467-9477.2007.00176.x.
8. Putnam, "*E Pluribus Unum*."
9. Gregory Boyle, *Tattoos on the Heart: The Power of Boundless Compassion* (New York: Free Press, 2010), 6-8.

第6章　說個故事給我聽

1. 亞當斯名言，摘自Adams quote, https://founders.archives.gov/documents/Adams/05-03-02-0001-0004-0016.
2. Thorstein Veblen, "Why Is Economics Not an Evolutionary Science?"*Quarterly Journal of Economics* 12 no. 4 (Jul 1898): 373-97.
3. Elizabeth Kolbert, "That's What You Think," *New Yorker*, Feb. 27, 2017, 網路版："Why Facts Don't Change Our Minds," https://www.newyorker.com/magazine/2017/02/27/why-facts-dont-change-ourminds.
4. Uri Hasson, "This Is Your Brain on Communication," TED Talk video, Feb. 2016, https://www.ted.com/talks/uri_hasson_this_is_your_brain_on_communication/transcript.
5. Uri Hasson, "Defend Your Research: I Can Make Your Brain Look Like Mine," *Harvard Business Review*, Dec. 2010, https://hbr.org/2010/12/defend-your-research-i-can-make-your-brain-look-like-mine.
6. Uri Hasson, et al., "Brain-to-Brain Coupling: A Mechanism for Creating and Sharing a Social World," *Trends in Cognitive Sciences* 16 no. 2: 114-21, doi: 10.1016/j.tics.2011.12.007.
7. "Big Ben Bowen (Saint Jude Children's Hospital)," YouTube video, Jul. 26, 2008, https://www.youtube.com/watch?v=XxEHlyF3sV0.
8. Paul J. Zak, "Trust, Morality - and Oxytocin?" TED Talk video, Jul. 2011, https://www.ted.com/talks/paul_zak_trust_morality_and_oxytocin/transcript?language=en.
9. Paul J. Zak, "How Stories Change the Brain," *Greater Good Magazine*, Dec. 17, 2013, https://greatergood.berkeley.edu/article/item/how_stories_change_brain.
10. Pei-Ying Lin, et al., "Oxytocin Increases the Influence of Public Service Advertisements," *PLOS ONE* 8 no. 2 (Feb. 2013): 1-10, doi: 10.1371/journal.pone.0056934.
11. "UNICEF Urges Swift Action, 'Robust Financing' to Close Water and Sanitation Gaps in sub-Saharan Africa," UN News, Dec. 16, 2015, https://www.un.org/sustainabledevelopment/blog/2015/12/unicef-urges-swift-action-robust-financing-

to-close-water-and-sanitation-gaps-insub-saharan-africa.

12. Parul Sehgal, "Fighting 'Erasure,' " New York Times Magazine, Feb. 2, 2016, https://www.nytimes.com/2016/02/07/magazine/the-painful-consequences-of-erasure.html.
13. Anton Antonov-Ovseyenko, *The Time of Stalin: Portrait of a Tyranny* (Harper & Row, 1981), 278.
14. Norman M. Naimark, *Stalin's Genocides* (Princeton, NJ: Princeton University Press, 2010), 59.
15. *Der Ewige Jude* [The Eternal Jew], United States Holocaust Memorial Museum, https://encyclopedia.ushmm.org/content/en/article/der-ewige-jude.
16. Kennedy Ndahiro, "Dehumanisation: How Tutsis Were Reduced to Cockroaches, Snakes to Be Killed," *New Times*, Mar. 13, 2014, http://www.newtimes.co.rw/section/read/73836.
17. Gustave Le Bon, *The Crowd: A Study of the Popular Mind* (London: T. Fisher Unwin, 1896).
18. "Gustave Le Bon," *Encyclopaedia Britannica*, https://www.britannica.com/biography/Gustave-Le-Bon#ref246264.
19. Edward Diener, et al., "Effects of Deindividuation Variables on Stealing among Halloween Trick-or-Treaters," *Journal of Personality and Social Psychology* 33 no. 2 (Feb. 1976): 178-83, doi:10.1037/0022-3514.33.2.178.
20. Chen-Bo Zhong, Vanessa K. Bohns, and Francesca Gino, "Good Lamps Are the Best Police: Darkness Increases Dishonesty and Self-Interested Behavior," *Psychological Science* 21 no. 3 (March 2010): 311-14, doi: 10.1177/0956797609360754.
21. John 3:20-21 (New International Version).
22. Erin E. Buckels, Paul D. Trapnell, and Delroy L. Paulhus, "Trolls Just Want to Have Fun," *Personality and Individual Differences* 67 (Feb. 2014): 97-102, doi:10.1016/j.paid.2014.01.016.
23. Carol Glatz, "Pope Francis: Priests Should Be Shepherds Living with the Smell of the Sheep," *Catholic Telegraph*, March 28, 2013, https://www.thecatholictelegraph.com/pope-francis-priests-should-be-shepherds-living-with-the-smell-of-the-sheep/13439.

第7章　我們的問題是競爭嗎？

1. Michael Ryan, "School Board Axes Dodgeball Games from Curriculum," *Windham Patch*, Mar. 21, 2013, https://patch.com/new-hampshire/windham/school-board-axes-dodgeball-games-from-curriculum.

2. Ryan, "School Board Axes Dodgeball."
3. Neil F. Williams, "The Physical Education Hall of Shame," *Journal of Physical Education, Recreation & Dance* 63 no. 6 (Aug. 1992): 57-60, doi:10.1080/07303084.1992.10606620.
4. Jiddu Krishnamurti, *Krishnamurti on Education* (Krishnamurti Foundation, 1974), 106.
5. Cindy Wooden, "Communion, Not Competition, Is Key to Job Growth, Pope Says," *Crux*, Oct. 26, 2017, https://cruxnow.com/vatican/2017/10/26/communion-not-competition-key-job-growth-popesays.
6. Allan Dowd, "Women's Ice Hockey Game Must Improve, Says Rogge," Reuters, Feb. 25, 2010, https://www.reuters.com/article/idINIndia-46488520100226.
7. Rebecca R. Ruiz, "Mystery in Sochi Doping Case Lies with Tamper-Proof Bottle," *New York Times*, May 13, 2016, https://www.nytimes.com/2016/05/14/sports/russia-doping-bottles-olympics-2014.html.
8. Kristin Toussaint, "Newspaper Headlines on Tom Brady's Deflategate Suspension," Boston.com, May 12, 2015, https://www.boston.com/sports/new-england-patriots/2015/05/12/newspaper-headlines-on-tom-bradys-deflategate-suspension.
9. "Deflategate Newspaper Headlines," *Sports Illustrated*, Jan. 23, 2015, https://www.si.com/nfl/photos/2015/01/23/deflategate-tom-brady-new-england-patriots-headlines#4.
10. Rick Chandler, "Robert Kraft Crashes Belichick Super Bowl Press Conference to Rant about DeflateGate," *SportsGrid*, Jan. 26, 2015, https://www.sportsgrid.com/real-sports/nfl/robert-kraft-crashes-belichick-super-bowl-press-conference-to-rant-about-deflategate.
11. "Wendy's Commercial - Soviet Fashion Show," YouTube video, Sept. 3, 2006, https://www.youtube.com/watch?v=5CaMUfxVJVQ.
12. Maxim Pinkovskiy and Xavier Sala-i-Martin, "Parametric Estimations of the World Distribution of Income," National Bureau of Economic Research, NBER Working Paper No. 15433 (Oct. 2009), doi: 10.3386/w15433.
13. Barack Obama, "Remarks by the President in Conversation on Poverty at Georgetown University," Office of the Press Secretary, May 12, 2015, https://obamawhitehouse.archives.gov/the-press-office/2015/05/12/remarks-president-conversation-poverty-georgetown-university.
14. Philip Elmer-DeWitt, "Transcript: Apple CEO Tim Cook at Goldman Sachs," *Fortune*, Feb. 15, 2012, http://fortune.com/2012/02/15/tran-script-apple-ceo-tim-cook-at-goldman-sachs.

15. Courtney Eldridge, "A More Perfect Union," *New York Times Magazine*, June 18, 2000, http://movies2.nytimes.com/library/magazine/home/20000618mag-shoptalk.html.
16. Bruce Drake, "Americans See Growing Gap between Rich and Poor," Pew Research Center, Dec. 5, 2013, http://www.pewresearch.org/facttank/2013/12/05/americans-see-growing-gap-between-rich-and-poor.
17. "Americans Stand Out on Individualism," Pew Research Center, Oct. 7, 2014, http://www.pewglobal.org/2014/10/09/emerging-and-developing-economies-much-more-optimistic-than-rich-countries-about-thefuture/pg_14-09-04_usindividualism_640-px.
18. Alexis de Tocqueville, Democracy in America, trans. Harvey C. Mansfield and Delba Winthrop (Chicago: University of Chicago Press, 2000), 187-89.
19. De Tocqueville, Democracy in America, 187-89.
20. John Stuart Mill, Principles of Political Economy (London: Longmans, Green, and Co., 1911), 351-52.
21. Maria L. La Ganga, "Clinton Slams Trump's 'Racist Ideology' That Ushers Hate Groups into Mainstream," *Guardian*, Aug. 25, 2016, https://www.theguardian.com/us-news/2016/aug/25/hillary-clinton-altright-racism-speech-donald-trump-nevada; and Donald Trump (@realDonaldTrump): "Crooked Hillary Clinton is the worst (and biggest) loser of all time. She just can't stop, which is so good for the Republican Party. Hillary, get on with your life and give it another try in three years!"（不誠實的希拉蕊・柯林頓是史上最差〔也是最大〕的輸家。她就是沒辦法放棄，這對共和黨來說真是太好了。希拉蕊，好好回到你的生活，過三年再試試吧！）tweet, Twitter, Nov. 18, 2017, 5:31 a.m.
22. Proverbs 27:17 (New International Version).
23. Edmund Burke, *Maxims and Opinions, Moral, Political and Economical, with Characters, from the Works of the Right Hon. Edmund Burke*, vol. 1 (London: C. Whittingham, 1804), 79.
24. Vincent Price, Joseph N. Cappella, and Lilach Nir, "Does Disagreement Contribute to More Deliberative Opinion?" *Political Communication* 19 no. 1 (Jan. 2002): 95-112, doi: 10.1080/105846002317246506.
25. Xueming Luo, Vamsi K. Kanuri, and Michelle Andrews, "How Does CEO Tenure Matter? The Mediating Role of Firm-Employee and Firm-Customer Relationships," *Strategic Management Journal* 35, no. 4 (Apr. 2014): doi:10.1002/smj.2112.
26. John Baldoni, "Hire People Who Disagree with You," *Harvard Business Review*, July 27, 2009, https://hbr.org/2009/07/hire-people-whodisagree.

27. Katherine W. Phillips, Katie A. Liljenquist, Margaret A. Neale, "Is the Pain Worth the Gain? The Advantages and Liabilities of Agreeing with Socially Distinct Newcomers," *Personality and Social Psychology Bulletin* 35 no. 3 (Mar. 2009): 336-50, doi: 10.1177/0146167208328062.
28. Jose L. Duarte, et al., "Political Diversity Will Improve Social Psychological Science," *Behavioral and Brain Sciences* 38, July 18, 2014, e130, doi: 10.1017/S0140525X14000430.
29. Yoel Inbar and Joris Lammers, "Political Diversity in Social and Personality Psychology," *Perspectives on Psychological and Personality Psychology* 7, no. 5 (Sept. 5, 2012): 496-503, doi: 10.1177/1745691612448792.
30. John Adams, "Thoughts on Government," Apr. 1776, *Papers of John Adams*, ed. Robert J. Taylor et al. (Cambridge, MA: Belknap Press of Harvard University Press, 1977), vol. 4, pp. 86-93, in *The Founders' Constitution*, ed. Philip B. Kurland (Chicago: University of Chicago Press, 1987), vol. 1, ch. 4, doc. 5, http://press-pubs.uchicago.edu/founders/documents/v1ch4s5.html.
31. Massachusetts Constitution, article VII, part I.
32. "World Values Survey Wave 6 (2010-2014)," World Values Survey, Apr. 29, 2014, http://www.worldvaluessurvey.org/WVSDocumentationWV6.jsp.

第8章　請不要同意我

1. Robert George, Timothy George, and Chuck Colson, "Manhattan Declaration: A Call of Christian Conscience," Nov. 20, 2009, https://www.manhattandeclaration.org/.
2. John Carney, "Cornel West Blasts Obama as a 'Mascot of Wall Street,' "CNBC, May 18, 2011, https://www.cnbc.com/id/43080122.
3. 本章中來自羅比・喬治及康諾　韋斯特的引文均摘自幾個公開演說場合的影片，包括："Cornel West and Robert George' 77 Hold Collection on Campus," You-Tube video, Nov. 7, 2017, https://www.youtube.com/watch?v=H6m4C_YOKUo&t=737s; "Cornel West and Robert George: The Examined Life | Live Stream," YouTube video, Nov. 30, 2016, https://www.youtube.com/watch?v=SER_TruGo2o&t=887s; "Hauenstein Center American Conversations: Robert P. George and Cornel West," You-Tube video, Apr. 10, 2015, https://www.youtube.com/watch?v=M7p-CmGna_20&t=670s; and "AEI Annual Dinner 2016: A Conversation with Irving Kristol Honoree Robby George," YouTube video, Sep. 28, 2016, https://www.youtube.com/watch?v=-KskRUhSc4U.
4. 本章中的亞里斯多德引文均摘自《尼各馬可倫理學》(Nicomachean

Ethics）卷八之三、之十一，以及卷九之六，由W．D．羅斯（W. D. Ross）所譯，並分享於麻省理工學院網站：http://classics.mit.edu/Aristotle/nicomachaen.8.viii.html and http://classics.mit.edu/Aristotle/nicomachaen.9.ix.html.

5. Emily J. Brontë, "Love and Friendship" in *The Complete Poems of Emily Jane Brontë*, ed. C. W. Hatfield (New York: Columbia University Press, 1941), 130-31.
6. Fulton J. Sheen, *Three to Get Married* (Princeton, NJ: Scepter Publishers, 1951).
7. Robert P. George and Cornel West, "Truth Seeking, Democracy, and Freedom of Thought and Expression," James Madison Program in American Ideals and Institutions, Princeton University, March 14, 2017, https://jmp.princeton.edu/statement.
8. Danny Westneat, "In Seattle, Is It Now Taboo to Be Friends with a Republican?" *Seattle Times*, June 2, 2017, https://www.seattletimes.com/seattle-news/politics/in-seattle-is-it-now-taboo-to-be-friends-witha-republican.
9. Carnegie, *How to Win Friends and Influence People*, 110-11.
10. Aaron Blake, "Hillary Clinton Takes Her 'Deplorables' Argument for Another Spin," *Washington Post*, Mar. 13, 2018, https://www.washingtonpost.com/news/the-fix/wp/2018/03/12/hillary-clinton-takes-her-deplorables-argument-for-another-spin/?utm_term=.45639cef38e4.
11. Robert P. Abelson and James C. Miller, "Negative Persuasion via Personal Insult," *Journal of Experimental Social Psychology* 3 no. 4 (Oct. 1967): 321-33.
12. Nielsen Company, "Third Presidential Debate of 2016 Draws 71.6 Million Viewers," Oct. 20, 2016, http://www.nielsen.com/us/en/insights/news/2016/third-presidential-debate-of-2016-draws-71-6-million-viewers.html.
13. Douglas J. Ahler and Gaurav Sood, "The Parties in Our Heads: Misperceptions about Party Composition and Their Consequences," *Journal of Politics* 80, no. 3 (Apr. 2018): doi: 10.1086/697253.
14. Kim Parker, et al., "What Unites and Divides Urban, Suburban and Rural Communities," Pew Research Center (May 2018), http://www.pewsocialtrends.org/2018/05/22/what-unites-and-divides-urban-suburban-and-rural-communities.
15. Jacqueline Thomsen, "GOP Pa. Candidate: 'The Other Side' Has 'Hatred' for Trump, Country, and God," The Hill, Mar. 12, 2018, https://thehill.com/homenews/campaign/378059-gop-candidate-the-otherside-has-hatred-for-president-country-and-god.
16. Ronald Reagan, "Labor Day Speech at Liberty State Park, Jersey City, New Jersey," *Ronald Reagan Presidential Library and Museum*, Sep. 1, 1980, https://www.

reaganlibrary.gov/9-1-80.

結論　顛覆輕蔑文化的五條規則

1. Margaret Wise Brown, *The Important Book* (New York: Harper and Brothers, 1949).
2. Dalai Lama (DalaiLama). "I'm Tibetan, I'm Buddhist and I'm the Dalai Lama, but if I emphasize these differences it sets me apart and raises barriers with other people. What we need to do is to pay more attention to the ways in which we are the same as other people," Twitter, May 21, 2018, 2:35 a.m.

國家圖書館出版品預行編目資料

愛你的敵人：如何處理對立與輕視，尊重意見不同的人／亞瑟. C. 布魯克斯（Arthur C. Brooks）著；楊晴，陳雅馨譯. -- 初版. -- 臺北市：商周出版：英屬蓋曼群島商家庭傳媒股份有限公司城邦分公司發行, 2021.01
面； 公分.
譯自：Love your enemies : how decent people can save America from the culture of contempt.
ISBN 978-986-477-981-9 (平裝)

1.政治社會學 2.政治文化 3.政治倫理 4.美國

570.15　　　　109021813

愛你的敵人——如何處理對立與輕視，尊重意見不同的人

Love Your Enemies: How Decent People Can Save America from the Culture of Contempt

作　　者／亞瑟・C・布魯克斯（Arthur C. Brooks）
譯　　者／楊晴、陳雅馨
責任編輯／余筱嵐

版　　權／劉鎔慈、吳亭儀
行銷業務／王瑜、林秀津、周佑潔
總 編 輯／程鳳儀
總 經 理／彭之琬
發 行 人／何飛鵬
法律顧問／元禾法律事務所　王子文律師
出　　版／商周出版
台北市 104 民生東路二段 141 號 9 樓
電話：(02) 25007008　傳真：(02)25007759
E-mail：bwp.service@cite.com.tw
Blog：http://bwp25007008.pixnet.net/blog
發　　行／英屬蓋曼群島商家庭傳媒股份有限公司 城邦分公司
台北市中山區民生東路二段 141 號 2 樓
書虫客服服務專線：02-25007718；25007719
服務時間：週一至週五上午 09:30-12:00；下午 13:30-17:00
24 小時傳真專線：02-25001990；25001991
劃撥帳號：19863813；戶名：書虫股份有限公司
讀者服務信箱：service@readingclub.com.tw
城邦讀書花園：www.cite.com.tw
香港發行所／城邦（香港）出版集團有限公司
香港灣仔駱克道 193 號東超商業中心 1 樓；E-mail：hkcite@biznetvigator.com
電話：(852) 25086231　傳真：(852) 25789337
馬新發行所／城邦（馬新）出版集團 Cite (M) Sdn. Bhd.
41, Jalan Radin Anum, Bandar Baru Sri Petaling, 57000 Kuala Lumpur, Malaysia.
Tel: (603) 90578822　Fax: (603) 90576622　Email: cite@cite.com.my

封面設計／李東記
排　　版／極翔企業有限公司
印　　刷／韋懋實業有限公司
總 經 銷／聯合發行股份有限公司
電話：(02)2917-8022　傳真：(02)2911-0053
地址：新北市 231 新店區寶橋路 235 巷 6 弄 6 號 2 樓

■ 2020 年 1 月 19 日初版　　Printed in Taiwan
定價 450 元

 ISBN 978-986-477-981-9